EL CAMINO DEL ESTOICO

Copyright 2024 - Thomas Swain - Todos los derechos reservados.

El contenido de este libro no puede ser reproducido, duplicado o transmitido sin el permiso directo y por escrito del autor o de la editorial.

Bajo ninguna circunstancia se podrá culpar o responsabilizar legalmente a la editorial o al autor, por cualquier daño, reparación o pérdida monetaria debida a la información contenida en este libro, ya sea directa o indirectamente.

Aviso legal:

Este libro está protegido por derechos de autor. Es sólo para uso personal. No puedes modificar, distribuir, vender, utilizar, citar o parafrasear ninguna parte o el contenido de este libro sin el consentimiento del autor o del editor.

Aviso de descargo de responsabilidad:

Por favor, debes tener en cuenta que la información contenida en este documento es sólo para fines educativos y de entretenimiento. Se ha hecho todo lo posible por presentar una información exacta, actualizada, confiable y completa. No se declaran ni se implican garantías de ningún tipo. Los lectores reconocen que el autor no se dedica a prestar asesoramiento jurídico, financiero, médico o profesional. El contenido de este libro procede de diversas fuentes. Por favor, consulta a un profesional antes de intentar cualquier técnica descrita en este libro.

Al leer este documento, el lector acepta que, bajo ninguna circunstancia, el autor es responsable de cualquier pérdida, directa o indirecta, en la que se incurra como resultado del uso de la información contenida en este documento, incluyendo, pero no limitado a, errores, omisiones o inexactitudes.

EMPIEZA LA SEMANA DE LA MEJOR FORMA

Todos hemos tenido esa sensación de desánimo un domingo por la noche, cuando te acuerdas de que mañana será lunes y se ha acabado el fin de semana. Puede resultar difícil volver al trabajo, pero con la motivación y la mentalidad adecuadas, puedes empezar la semana con buen pie.

Recibe orientación basada en pruebas, recursos actualizados y testimonios de primera mano para ayudarte.

Suscríbete ahora mismo y recibirás este boletín informativo todos los lunes.

https://www.subscribepage.com/tswain

TABLA DE CONTENIDOS

INTRODUCCIÓN 1

LA EDAD DE ORO 11

¿QUIÉNES ERAN LOS ANTIGUOS ESTOICOS?.................. 13

   Zenón de Citio.. 13

   Marco Aurelio 14

   Séneca 15

   Epicteto 16

LOS FUNDAMENTOS 19

OIKEIÔSIS 21

EL TRIÁNGULO DE LA FELICIDAD 23

   Eudaimonia 23

   Vivir con Areté..24

   Céntrate en lo que controlas 27

   Asume tu responsabilidad 28

EL CAMINO HACIA LA..31

SABIDURÍA 34

JUSTICIA 35

CORAJE 36

MODERACIÓN..37

VIVIR VIRTUOSAMENTE 38

**LA DICOTOMÍA DEL CONTROL Y LA
ACEPTACIÓN DE TU DESTINO** 43

AMOR FATI (AMOR AL DESTINO) 47

LA SOCIEDAD, LAS RELACIONES Y EL AMOR 53

LAS RELACIONES 58

   Amistad..58

   El Amor y la Lujuria 60

EL CAMINO HACIA EL AUTODOMINIO.........65

Apatheia 67

Disciplina 72

Gratificación Diferida 76

CÓMO DOMINAR Y CONTROLAR TUS EMOCIONES......................................81

El Estímulo, la Percepción y la Respuesta 86

El estímulo y la disciplina del deseo..................88

La percepción y la disciplina del asentimiento....92

La respuesta y la disciplina de la acción 95

AFILAR LA ESPADA 99

La emoción tóxica del estrés 102

Reírse a menudo.......................................106

Ver los obstáculos como oportunidades............106

Conciencia Plena 109

La emoción tóxica de la ira 110

Dejar pasar el tiempo 114

Cuestiona tus pensamientos 114

Debes verte a ti mismo como el agresor 115

La emoción tóxica de los celos 118

La emoción tóxica de la envidia 120

EL PODER DEL PENSAMIENTO NEGATIVO.. 125

Premeditatio Malorum 127

Practicar la desgracia 130

Memento Mori 133

PRINCIPIOS PARA LA 137

PAZ INTERIOR Y LA FELICIDAD................. 137

Gratitud 140

Practicar la gratitud 142

Escribir un diario 143

CONCLUSIÓN 147

REFERENCIAS **161**

OTROS LIBROS DE THOMANS SWAIN **164**

El camino del espartano 164
Pensar demasiado 164
Marca.. 164

INTRODUCCIÓN

¿Cuántos libros de autoayuda has leído para tener una vida mejor? ¿Cuántos vídeos de inspiración y motivación has visto en YouTube? Imagino que demasiados. Al igual que yo, probablemente has leído o visto demasiados. Te das cuenta de que es fácil caer en la trampa de pensar que más conocimiento es la respuesta. Pero en la búsqueda de respuestas a menudo nos perdemos en la corriente interminable de libros de autoayuda, gurús, vídeos y citas de motivación que aparecen todos los días. Sin embargo, pocas veces perduran. De hecho, muchos son reciclables y se olvidan fácilmente. Las nuevas modas de autoayuda van y vienen mientras los problemas subyacentes persisten.

Muchos de nosotros sentimos que nuestra vida no es nada especial porque no se ajusta a los estándares ideales que muestran los medios de comunicación. Persisten las ilusiones de que la vida ideal es una serie de subidones. Que la vida consiste en cuánto dinero tienes en el banco. Que la vida consiste en lo ostentoso que es tu estilo de vida o en lo mucho que posees. O de lo buena que estás o de los círculos sociales en los que te mueves. Además, ahora se nos juzga por el número de amigos que tenemos en las redes sociales o por cuánta gente ve nuestras historias, el número de comentarios o *likes* que recibimos, etc. La gente siempre está persiguiendo todos estos aspectos y pendiente de estas estadísticas. Sin embargo, vemos a innumerables famosos con grandes seguidores y una vida aparentemente perfecta que buscan ayuda mental o, en casos aún peores, se han suicidado. ¿Es todo ese dinero, fama y glamur la fuente de la felicidad?

Según el estoicismo, las creencias que tenemos y las acciones que emprendemos proceden de la descripción que hacemos del mundo que nos rodea. Con mucha frecuencia valoramos cosas que en realidad no nos aportan la verdadera felicidad. Ahora bien, todo esto forma parte del ser humano y seguimos siendo los mismos seres humanos biológicos que éramos hace dos mil años, cuando se originó el estoicismo. Seguimos enfrentándonos a los mismos problemas, emociones y adversidades. Por eso el estoicismo ha perdurado durante miles de años. Es una filosofía atemporal que se desarrolló originalmente para guiar a las personas a vivir sus mejores vidas. La base es vivir en consonancia con la naturaleza. En esencia, esto significa actuar por el bien de la humanidad, porque según el estoicismo todos los seres humanos están conectados a través del universo y Dios está en todos nosotros.

Ahora más que nunca, la sociedad está fragmentada y desconectada. Mucha gente vive aislada, pasando el día trabajando delante de una pantalla y la noche a solas. Normalmente pensamos que estamos separados del mundo. Sin embargo, formamos parte de él. Y cuanto más nos aislamos, menos felices somos, porque estamos separados de la interconexión de nuestro universo. Cuando uno se considera aislado de nuestro universo es cuando hace daño. Cuando uno se da cuenta de que forma parte del universo, vive alineado con la naturaleza. La bondad proviene de comprender nuestro lugar en el universo y colaborar con él en beneficio mutuo. Éste es el fundamento del estoicismo, que consiste en vivir virtuosamente. La felicidad es el resultado de esta forma de vida.

A menudo se malinterpreta el estoicismo como una actitud indiferente o que evita los placeres. O que requiere que seas impasible y reprimas tus sentimientos. Quizás este malentendido te ha impedido a ti y a muchos otros aprender más sobre el estoicismo. Sin embargo, se trata de un falso juicio que proviene de las ideas estoicas que nos enseñan a no dejarnos llevar por deseos, placeres y miedos irracionales. Los estoicos no son personas frías o sin sentimientos. Por cierto, en un estudio de más de quinientos estudiantes estoicos observados por la organización Estoicismo Moderno, tanto la satisfacción con la vida como las emociones positivas aumentaron significativamente a través de sus prácticas.

De hecho, los sentimientos y las emociones son una parte normal de la experiencia humana. No se trata de fingir que no existen. Podemos seguir sintiéndolos, llorar o alegrarnos y experimentar realmente esas emociones. Pero el estoicismo nos enseña a no dejar que nublen nuestras decisiones racionales sobre lo que es mejor para nuestra verdadera naturaleza. Gran parte de las emociones y sentimientos que surgen en nosotros son automáticos. No podemos hacer nada contra ellos. Pero podemos aceptarlos y no necesitamos actuar a causa de ellos. Ésa es la diferencia entre los humanos y los animales. Los animales actúan por sus sentimientos, mientras que los humanos tienen el poder del pensamiento racional. El estoicismo dice que debemos ser conscientes de nuestras emociones. Al hacerlo, podemos elegir no actuar emocionalmente, sino con la razón. Así podemos elegir la mejor manera de responder a nuestras emociones. Ante el miedo o la ansiedad tendremos el valor de actuar según lo que sea mejor. Ante la tentación, tendremos la fuerza para hacer lo correcto.

El estoicismo es una filosofía sencilla y fácil de entender. Sin embargo, es muy profunda. No necesitarás aprender un montón de filosofía ni meditar durante horas y horas para entenderla. Tampoco es una religión. Lo que aprendemos de ella no estamos llamados a seguirlo. Depende de nosotros cómo lo apliquemos a nuestra vida y cuánto de él utilicemos. Los estoicos creían que hay una fuerza divina en el cosmos que existe más allá del alcance de nuestros sentidos humanos. La llamaban el Logos, que es la razón divina implícita en el universo y "se mueve a través de toda la creación". Rechazar el Logos es la raíz del sufrimiento. Aunque su visión de Dios no es como una entidad física. En cambio, lo percibe como un sistema de orden y lógica. Como tal, el estoicismo puede adaptarse para alinearse con otras religiones, sean cuales sean tus creencias.

Vivir el estoicismo requiere una revolución en tu forma de pensar y en tus actitudes. El filósofo estoico debe abandonar su ego y la visión existente de la realidad para, en su lugar, ver la vida desde un punto de vista más universal. Uno debe profundizar en el alma para reorientar su vida externa y, a su vez, ser más feliz. A menudo esto requiere una inversión del pensamiento. Nuestros valores se y evalúan para que no se basen en lo externo, sino en la perspectiva de la naturaleza. Las falsas creencias de encontrar la felicidad en el materialismo o el estatus tendrán que ser redirigidas. Porque cuando priorizamos lo externo por encima de la virtud estamos separando nuestra naturaleza del universo que nos conecta a todos. Cuando esto sucede surgen emociones tóxicas y nos aislamos más. En lugar de eso, tenemos que darnos cuenta de que la felicidad proviene de una vida virtuosa. El bien o el mal no está en lo que deseamos o evitamos, sino en nuestra forma de pensar y nuestras creencias. Las decisiones y acciones que tomamos se basan en esas creencias.

Los principios del estoicismo son poderosos y útiles. Por eso han superado la prueba del tiempo y siguen siendo aplicables hoy en día. A mí me han ayudado a dar sentido y dirección a mi vida. Soy Thomas Swain, autor de *bestsellers* y gerente de marca de History Brought Alive o en español "La Historia Llevada a la Vida". Te prometo que a través del estoicismo podrás alcanzar la paz interior, superar la adversidad, tomar conciencia de tus impulsos y aprender a responder de la manera correcta. Aprenderás a apreciar lo que tienes, a encontrar la verdadera alegría y felicidad en la vida. Se puede aprender a gestionar situaciones negativas de pérdida, pensamientos depresivos e incluso a afrontar los miedos. Verás que la felicidad puede surgir de las cosas más pequeñas. Cuando nos liberamos de nuestros apegos. Cuando dejamos ir los resultados. Cuando aprendemos a controlar nuestras emociones y a tomar el camino correcto podemos disfrutar del océano más profundo de felicidad.

Puede que ahora mismo estés perdido y busques más sentido. O tal vez estés pasando por un mal momento. El estoicismo puede ayudarte. Tanto si eres un estudiante, un empresario o simplemente una persona curiosa, te enseñará a vivir tu mejor vida. Las preguntas sobre cómo vivir tu mejor vida serán respondidas. Preguntas sobre cómo lidiar con lo que te enfrentas en la vida serán cubiertas junto con el tratamiento de los deseos y mucho, mucho más. Aprenderás a tomar mejores decisiones basadas en la lógica y la experiencia. Esto te ayudará en tu carrera, tus estudios y tu vida personal. En definitiva, te guiará hacia una vida mejor. El resultado es sabiduría, tranquilidad interior y paz. A su vez, estarás más a gusto contigo mismo sean cuales sean tus experiencias pasadas.

El futuro es mejor con el estoicismo porque puedes mejorar tu experiencia de vida en general. Las emociones negativas pueden ser tratadas eficazmente usando sus antiguas y probadas estrategias de las más grandes leyendas de la historia. Una mentalidad fuerte es la clave y tú descubrirás cómo hacerlo en este libro. No sólo puede ayudarnos en momentos difíciles o de crisis, sino que nos ayudará a cultivar un carácter fuerte con la cabeza despejada para afrontar la vida y cualquier momento difícil o crisis que se presente. En el mundo moderno, te ayudará a mejorar tu estado de ánimo y, a su vez, tu vida en general. Sin una filosofía de vida que nos guíe, sucumbimos a los caprichos de los demás y a las turbulencias de la vida. El estoicismo es la mejor filosofía de vida que existe. Una vez más, ha resistido la prueba del tiempo durante miles de años.

LA EDAD DE ORO

Zenón de Citio fue el primero en introducir el estoicismo en Atenas hacia el año 300 a.C. Alumno de la Academia de Platón, se inspiró primero en la filosofía griega antigua, que más tarde desarrolló en la filosofía estoica primitiva. Algunos años más tarde, sus ideas fueron desarrolladas por filósofos de la antigua Grecia y luego por los estoicos romanos. El desarrollo del estoicismo se atribuye a los famosos filósofos Séneca, Epicteto y el emperador romano Marco Aurelio. Esta fue la edad de oro del estoicismo y duró unos cien años. En siglos posteriores, los cambios en la cultura y la política alejaron el pensamiento filosófico. El estoicismo permaneció en el olvido hasta su resurgimiento en la actualidad.

Al principio, el estoicismo era un sistema de ideas complicadas que incluía la lógica, la física, la gramática, la meteorología, etc. Los primeros filósofos estoicos se centraron en el orden cósmico y la naturaleza. Más tarde, los estoicos romanos desarrollaron estas ideas en formas de vida mejores. En aquella época, la sociedad evolucionaba y la gente quería vivir mejor. No se suponía que alcanzar el prestigio, la riqueza o la belleza les traería necesariamente la felicidad. La gente quería algo más significativo y que viniera de un lugar más profundo. Aumentar la satisfacción vital a través de formas de pensamiento y comportamiento era una forma clave de mejorar su apreciación de la vida. El estoicismo ofrecía respuestas al estrés, el miedo, la ansiedad y las pruebas de la condición humana.

¿Quiénes eran los antiguos estoicos?

Aunque comenzó hace muchos años, el estoicismo ha perdurado hasta nuestros días, lo que demuestra su valor. A lo largo de la historia ha habido numerosos filósofos estoicos famosos, pero aquí estudiaremos los más importantes de aquellos tiempos antiguos.

Zenón de Citio

Se atribuye a Zenón de Citio el inicio del estoicismo. Según cuentan, era un rico comerciante. Durante uno de sus viajes naufragó su barco y perdió toda la carga. Más tarde se dio cuenta de que la mala suerte de naufragar se había convertido en algo mucho mejor de lo que pensaba. Sin barco ni dinero, acabó en Atenas, donde descubrió la filosofía de Sócrates y Platón. Inspirado por sus enseñanzas, desarrolló sus filosofías en el estoicismo primitivo.

Zenón comenzó a enseñar estoicismo en el Ágora Antigua de Atenas, donde fundó una de las principales escuelas filosóficas de la época.

Gran parte de lo que sabemos de él procede del libro *Vidas y opiniones de filósofos eminentes*, de Diógenes Laercio. De hecho, el estoicismo ha evolucionado mucho desde que él comenzó a explicar la filosofía, pero los fundamentos han permanecido inalterados. Como él diría "la felicidad es un buen fluir de la vida". Eso se consigue a través de la paz mental que es el resultado de vivir una vida de virtud en alineación con la razón y la naturaleza.

Marco Aurelio

Marco Aurelio el emperador romano es probablemente uno de los estoicos más famosos de la historia. Nacido hace casi dos mil años en el seno de una prestigiosa familia, más tarde se convertiría en emperador de Roma, que dirigió durante casi dos décadas. Durante su reinado vivió guerras con el Imperio Parto y muchos otros ataques al Imperio. Además, se vio inmerso en el auge del cristianismo, una plaga que dejó muchos muertos y mucha más agitación durante su reinado.

Marco dejó un diario personal que hoy todos conocemos como sus *Meditaciones*. En su interior se encuentran los pensamientos privados del hombre más poderoso del mundo en aquella época. Su libro *Meditaciones* revelan su filosofía personal y su estoicismo. En sus escritos explora cómo ser más virtuoso, justo, sabio e inmune a la tentación. Es un libro definitorio sobre la formación del carácter, la autodisciplina, la ética, la autorrealización, la humildad y la fortaleza. Naturalmente, ser emperador romano en aquella época era una posición de gran prestigio. Si lo deseaba, podía hacer o tener casi cualquier cosa. Esencialmente, cualquier deseo podía ser satisfecho y nada estaba fuera de los límites de un emperador. Sin embargo, demostró ser un hombre noble y digno de su posición.

"No pierdas más tiempo discutiendo lo que debe ser un buen hombre. Sé uno". - Marco Aurelio

Séneca

Séneca nació en el sur de España hace más de dos mil años. Educado en Roma, era hijo de Séneca el Viejo, prestigioso escritor romano. Séneca comenzó su carrera en la política y ascendió hasta convertirse en un alto funcionario financiero. Más tarde experimentó un cambio de fortuna cuando Claudio, el nuevo emperador de Roma, lo acusó de adulterio con su sobrina. Séneca fue desterrado a la isla de Córcega. Tras ocho años de exilio, Agripina, la esposa de Claudio, negoció el permiso para que regresara y fuera tutor de su hijo Nerón. Más tarde, Nerón se convertiría en uno de los emperadores más infames y tiránicos de la historia de Roma. Séneca estuvo a su lado como consejero para ayudar a dirigir el gobierno y los asuntos del estado. Sin embargo, a medida que Nerón se volvía más paranoico, su relación se deterioró y la muerte de Séneca tuvo lugar por orden del propio Nerón.

A lo largo de todos esos tiempos turbulentos en la vida de Séneca, el estoicismo fue la constante. Su colección de cartas es una de las obras más conocidas de la filosofía estoica. En su interior se pueden encontrar maneras de conducirse, de relacionarse, de vivir una buena vida, de afrontar la adversidad o la muerte y de desarrollar la conciencia de las propias emociones. Es adecuada para hombres y mujeres de todas las procedencias y condiciones sociales.

"No se nos da una vida corta, sino que nosotros la hacemos corta y no estamos mal provistos de ella, sino que la malgastamos". - *Séneca.*

Epicteto

Epicteto nació esclavo en una familia acomodada y más tarde se convertiría en un famoso filósofo estoico. Los malos tratos sufridos durante su época de esclavo lo dejaron lisiado y cojo. Su sufrimiento lo motivó a desarrollar conceptos clave del estoicismo. Más tarde obtuvo la libertad y comenzó a enseñar filosofía en Roma, donde continuó enseñando durante más de veinte años. Durante este tiempo fue una gran influencia para Marco Aurelio, junto con muchos otros hombres y mujeres poderosos. Finalmente, su enseñanza en Roma terminó cuando el emperador Domiciano prohibió la entrada a todos los filósofos. Epicteto se trasladó a Nicópolis, en Grecia, donde fundó una escuela de filosofía en la que enseñó hasta el final de sus días.

Muchas personas a lo largo de la historia y hasta el día de hoy encuentran consuelo en las antiguas lecciones de Epicteto. Sacan fuerzas de saber que todo lo que se les hace está fuera de su control, pero al mismo tiempo siempre tienen el control sobre su mente. Nadie puede arrebatárnoslo. La filosofía estoica de Epicteto no sólo era teórica, sino que también tenía una aplicación práctica en el mundo real para personas de todas las procedencias y condiciones sociales. Sin embargo, nunca escribió nada. Arriano, su alumno, es el responsable de los testimonios escritos que tenemos de sus lecciones.

"Hacer lo mejor de lo que está en nuestro poder y tomar el resto como ocurre". – Epicteto

LOS FUNDAMENTOS

En el centro del estoicismo hay un universo que nos guía y nos conecta a todos entre sí. El universo es vasto e infinito. Desde el paisaje hasta la tierra, pasando por las estrellas y el cielo. Lo abarca todo e incluye a todos los seres vivos. Todos estamos conectados a través de él. Cualquier imperfección proviene de un malentendido de sus partes, que incluye a los seres humanos que lo habitan. Cuando uno se considera aislado de nuestro universo es cuando se hace daño. Cuando uno se da cuenta de que forma parte del universo, vive alineado con la naturaleza. La bondad proviene de comprender nuestro lugar en el universo y colaborar con él en beneficio mutuo. Este es el fundamento del estoicismo.

En el estoicismo, la naturaleza es la medida de todas las cosas. Nos orienta como camino hacia la excelencia. A través de la naturaleza desarrollamos la razón y eso transforma nuestra comprensión de nosotros mismos. Zenón enseñó a sus alumnos que todos tenemos un genio interior y un propósito que nos conecta con el universo. Dios está en todas las cosas y comparte su divinidad a través de todo eso. La premisa de vivir en consonancia con la naturaleza se refiere a comportarse como un ser humano racional en lugar de comportarse por pasión como lo haría una bestia salvaje. Lo racional es lo que nos separa de los demás animales. Aplicar nuestra capacidad de razonar a nuestras acciones garantiza que vivamos alineados con la naturaleza.

Oikeiôsis

Los estoicos desarrollaron la teoría de la "Oikeiôsis", que podemos traducir como afinidad, para explicar cómo la razón transforma la visión del mundo de los seres humanos. Según esta teoría, los humanos tienen dos etapas de desarrollo. La primera es nuestro impulso inicial de amor propio. De hecho, todos los organismos vivos comparten este impulso. Aunque algunos son más primitivos, la teoría afirma que el primer impulso es la conciencia de un organismo vivo que reconoce que su cuerpo le pertenece. Por lo tanto, se ve obligado a preservarse buscando lo que mejora su bienestar y evitando lo que no lo hace. Por ejemplo, una planta crece hacia la luz del sol. Un bebé necesita leche, etc. Literalmente, se refiere al proceso de hacer algo propio. Todo en la naturaleza tiene su propio conjunto de responsabilidades y un carácter único. Por ejemplo, un animal debe cuidar de sus crías, de lo contrario descuida su deber de vivir en consonancia con la naturaleza. Esto se materializa en sus muestras de hacer de la autoconservación su principal objetivo. Mientras que para los seres humanos vivir en consonancia con la naturaleza es algo mucho más complejo porque tenemos la capacidad de razonar.

A medida que los seres humanos crecen, siguen amándose a sí mismos y, a partir de la adolescencia, su capacidad de razonar empieza a evolucionar. Desde que nacen, los niños están biológicamente programados para preservarse. Su motivación se orienta hacia el placer y se aleja del dolor. A medida que envejecemos, ampliamos nuestra conciencia para convertirnos en hijos, hermanos, amigos, ciudadanos, etc. Esencialmente, nuestra biología se extiende a querer preservar esta expansión porque ahora tenemos un deber u obligación hacia ellos. Padres, hermanos y amigos son tratados con cuidado como una extensión de uno mismo. La Oikeiôsis se expande hacia la raza humana, aunque en una medida cada vez más diluida. Nuestra Oikeiôsis natural hacia los demás es la base de lo bien que nos integramos en el universo. Es nuestra afinidad con toda la raza humana y con el universo mismo. La etapa final, que es el objetivo del estoicismo, es vivir en alineación con la naturaleza.

El Triángulo de la Felicidad

Para los estoicos, vivir en consonancia con la naturaleza es la definición más conocida de vivir una buena vida. Pero ¿qué significa exactamente? En última instancia, el objetivo de la vida según el estoicismo es la Eudaimonia. En griego significa florecer. Esencialmente, es la consecución plena de la felicidad o vivir la buena vida. El triángulo de la felicidad es una forma sencilla y visual de explicar este concepto.

Eudaimonia

En el centro del triángulo está la Eudaimonia, que es el último objetivo de la vida. En términos sencillos, es tener la felicidad suprema o prosperar. Esto se consigue viviendo en consonancia con las otras tres partes del Triángulo de la Felicidad Estoica. Lo que puede interpretarse como vivir en consonancia con la naturaleza.

Vivir con Areté

Vivir con Areté es convertirse en la mejor versión de uno mismo en este momento. Según el estoicismo, el carácter y las acciones son más importantes que el estatus o el materialismo. El estoicismo acoge a todo el mundo independientemente de su origen, circunstancias o apariencia. La verdadera belleza de la vida proviene de la excelencia de la mente y el carácter. No del físico. El carácter es nuestra única posesión real. Todo lo demás nos lo pueden quitar.

Cultivar tu carácter es el bien supremo. El carácter ideal es el de alguien que vive en armonía con los demás seres humanos y con la naturaleza. Tienen serenidad y siguen la razón. Aceptan el destino con amabilidad y se dan cuenta de que escapa a su control. Se elevan por encima del deseo y la emoción para alcanzar la paz mental. No temen a la muerte. Son honorables, tienen una fuerte autodisciplina, sabiduría, justicia y coraje. Hacerte preguntas continuamente puede ayudarte a vivir de esta manera. Por ejemplo:

- ¿Qué es lo correcto en este caso?

- ¿Qué haría el amigo, el padre o el hermano perfecto?
- ¿Cómo puedo dar lo mejor de mí mismo en este momento?
- Si me desarrollara al máximo y viviera mi mejor vida... ¿Cómo sería? ¿Estoy a la altura de eso?
- ¿Cuál es la brecha entre quién soy ahora y mi mejor yo?
- ¿Cómo puedo cerrar esa brecha?

Debemos dedicar tiempo a mejorarnos a nosotros mismos. A medida que te vuelvas mejor, elevarás a los que te rodean y, en última instancia, harás del mundo un lugar mejor. No se trata de ser egoísta. Al fin y al cabo, mejorar es trascender el deseo y servir a los demás. La vida es más grande que el individuo. Para ser más felices y prosperar en la vida necesitamos expresar la mejor versión de nosotros mismos en cada momento. Alinéate con tus valores profundos y actúa apropiadamente.

El estoicismo se centra en no señalar los defectos de los demás, sino en mejorar los nuestros en beneficio de los demás. Como resultado, aprendemos a pensar mejor, a prepararnos mejor para los retos, a vivir de forma más virtuosa y a eliminar la toxicidad. Debemos estar en un camino de mejora continua. Siempre hay un trabajo más profundo dentro de nosotros. A lo largo de los retos y reveses de la vida siempre debemos estar mejorando. El progreso en la vida nos aporta estabilidad y, como resultado, beneficia a los que nos rodean.

"Un buen carácter es la única garantía de una felicidad eterna y sin preocupaciones". - Séneca

Un buen modelo de conducta te ayudará a medir tu carácter. Busca personas cuya forma de vida coincida con sus palabras y su carácter. Este es el tipo de persona que sería un gran modelo a seguir. No necesariamente tienes que conocerlos en persona. Puede ser alguien a quien conozcas a través de libros, vídeos, etc. Incluso podría ser un antiguo estoico como el gran Séneca o el emperador Marco Aurelio. Sea quien sea, debe ser una persona de gran virtud y categoría moral. Que sea tu guardián. ¿Cómo reaccionaría ante estas situaciones? ¿Cómo se comportaría en tu situación? Es importante que no te compares con ellos. Todos somos diferentes. Simplemente, déjate guiar por ellos. Deja que su influencia guíe tus decisiones y que sean tu guardián.

"Si un compañero está sucio, sus amigos no

pueden evitar ensuciarse también un poco, por muy limpios que hayan empezado". - Epicteto

Céntrate en lo que controlas

Céntrate en lo que eres capaz de controlar, éste es un principio destacado del estoicismo. Vivir una buena vida requiere centrarse en lo que controlamos y aceptar el resto tal y como sucede. No podemos cambiar algunas cosas, pero sí podemos cambiar nuestra forma de reaccionar. No podemos controlar las opiniones de los demás, nuestra reputación, nuestras posesiones e incluso nuestro propio cuerpo. Para vivir una buena vida debemos centrarnos en las cosas que podemos controlar. Cuando tratamos de controlar lo incontrolable, se produce ansiedad, estrés y preocupación. En efecto, hay muchas cosas que no podemos controlar. Pero hay muchas que sí podemos controlar. Vivir con Areté es algo que podemos controlar. El pasado o el futuro no los controlamos. Sin embargo, en el momento presente podemos centrarnos en lo que controlamos y crear nuestra mejor vida. William Irvine identificó tres niveles de influencia que tenemos.

- Alta influencia - las elecciones, los juicios y las acciones que realizamos.

- Influencia parcial - nuestras relaciones, salud, riqueza y comportamientos
- Sin influencia - circunstancias externas

"De las cosas algunas están en nuestro poder y otras no". – Epicteto

Asume tu responsabilidad

Eres responsable de ti mismo y eso incluye tu propia felicidad. Asume la responsabilidad de vivir tu mejor vida y alcanzar la Eudaimonía. Asume tu responsabilidad en lugar de culpar a los demás o a tus circunstancias. Esto te liberará de estar mentalmente esclavizado a las opiniones de los demás. Deja de ser una víctima. Porque cuando nos responsabilizamos de nosotros mismos nos volvemos más poderosos. Elegimos cómo reaccionar y decidimos qué significan las cosas para nosotros. Como resultado, nos enfadamos menos por lo que pasa o por lo que no pasa. Tú eres el único que tiene acceso a tu propia mente. Nadie más. Asume la responsabilidad de quién eres y de cómo vives al cien por cien. Asumir la responsabilidad de tu vida te sitúa en la causa y no en el efecto. Hacer esto cambia tu energía y te coloca en una vibración más elevada. Es esa energía la que afecta a nuestros pensamientos, acciones y sentimientos. Cuanto más elevados sean, mejor.

Cuando te encuentras ante un reto, ¿culpas a los demás o asumes la responsabilidad? Acepta la situación tal y como es. Observa lo que está bajo tu control y lo que no. Acepta lo que no lo está y aprovecha para mejorar lo que tú controlas. Esa es tu responsabilidad. Cuando culpas a los demás les entregas esa responsabilidad junto con tus emociones. Desde ahí no es posible ninguna mejora de uno mismo. Uno se convierte en víctima de la vida. ¿No sería mejor tener el control de tu vida? Efectivamente, esto es posible cuando asumes la responsabilidad de ella.

"Si quieres algo bueno, debes obtenerlo de ti mismo" – Epicteto

EL CAMINO HACIA LA

Los antiguos estoicos creían que el camino hacia la verdadera felicidad pasa por la virtud. Una vida virtuosa consiste en sobresalir en nuestra naturaleza humana. Liberarse de las pasiones que perturban el alma y tener una comprensión racional de las propias responsabilidades. Seguir un camino de virtud implica dominar nuestros deseos, impulsos y aversiones. La felicidad y una buena vida son resultados de vivir virtuosamente. En el estoicismo, la virtud es todo aquello que contribuye a la felicidad. Mientras que el vicio es todo lo que contribuye a la miseria. El vicio es ignorancia, mientras que la virtud es conocimiento. El vicio está dominado por emociones fuertes e irracionales, también conocidas como pasiones. Entre la virtud y el vicio hay una zona gris conocida como los indiferentes. Éstos no son necesariamente buenos ni malos, sólo se prefieren o se desprecian. El problema es que muchos de nosotros juzgamos mal a los indiferentes y actuamos en contra de la naturaleza. Por ejemplo, cuando se trata de riqueza. Una persona con mal juicio actuaría con avaricia y desearía ser más rica de lo que es suficiente. En el proceso de alcanzar más riquezas podría descuidar a los demás y, por tanto, actuar de forma egoísta. Además, si perdieran su riqueza, probablemente acabarían siendo más miserables.

La mayoría de nosotros asociamos la felicidad con el concepto de tener más. Ya sea más dinero, belleza, fama, etc., se nos hace creer que eso nos hará más felices. Pero el estoicismo nos enseña que menos, es más. Cuando queremos más, nos convertimos en esclavos de nuestros deseos. Cuando queremos menos podemos liberarnos de nuestros deseos. Claro que es bueno tener posesiones y querer más. Una mejor casa, un mejor coche, más dinero, etc. Podemos apreciar su búsqueda y aclamación. Debemos cuidarlas, pero no debemos temer su pérdida porque, en última instancia, son indiferentes. La felicidad no viene de tener más cosas. Aunque tengamos todo lo que queremos, nunca será suficiente. Ahora bien, no confundas esta conceptualización con ser una persona sin sentimientos. No es así. Se trata más bien de la capacidad de distinguir lo que aporta verdadera felicidad y lo que no. Eso es comprender la diferencia entre la virtud y el vicio.

- Virtud: Sabiduría, Justicia, Valentía y Moderación.
- Vicio: Insensatez, Injusticia, Cobardía e Intemperancia.

- Indiferentes: Reputación, Belleza, Salud y Riqueza.

Sabiduría

En la raíz de la virtud está la sabiduría. Es la manera de saber lo que hay que hacer y lo que no hay que hacer. Es el conocimiento de lo que es malo o bueno, o el conocimiento de lo que trae la verdadera felicidad. Ese conocimiento nos ayuda a comprender el mundo que nos rodea de una forma mucho más precisa. Entonces podemos hacer mejores juicios y tomar decisiones basadas en nuestras experiencias y conocimientos. Esas decisiones determinan nuestra forma de vivir de acuerdo con la naturaleza.

El estoicismo sostiene la creencia de que un hombre sabio puede ser su propio consejero y que cualquiera puede progresar hacia la sabiduría. A través de la sabiduría podemos descubrir más cualidades virtuosas, como la solidez de juicio, la sagacidad, la sensatez y la circunspección. Lo contrario de la sabiduría es la ignorancia.

"Sin sabiduría la mente está enferma, y el propio cuerpo, por muy poderoso que sea físicamente, sólo puede tener el tipo de fuerza que se encuentra en una persona en estado de

demencia o delirio". - Séneca

Justicia

Marco Aurelio consideraba que la justicia era el valor más importante. Para él era la fuente de los demás valores. La justicia, también conocida como moralidad, consiste en hacer lo que es correcto y justo. Incluso en tiempos de adversidad o debilidad. Nuestro sentido de la justicia dicta cómo actuamos con los demás y cómo vivimos en consonancia con la naturaleza. La justicia crea más equidad para todos. Se puede considerar como la brújula moral que nos ayuda a centrarnos no sólo en las acciones que son mejores para uno mismo, sino en las que son mejores para todos.

El estoicismo nos enseña que todos somos uno y que nadie debe dañar a otro. Que no hemos nacido sólo para servirnos a nosotros mismos, sino para el bien común de la humanidad. De modo que cuando actuamos por el bien común se está sirviendo a la justicia. ¿Actuamos con respeto, amabilidad y trato justo? ¿Damos o sólo recibimos? Cuando perjudicamos a la comunidad, en última instancia nos perjudicamos a nosotros mismos. En el lado opuesto de la justicia estaría hacer mal a otra persona, vivir en el caos y actuar de forma egoísta.

"Lo que no es bueno para la colmena, no puede ser bueno para las abejas". - Marco Aurelio

Coraje

El valor está en el lado opuesto de la cobardía. Se trata de hacer lo correcto incluso cuando tenemos miedo de hacerlo. Uno cumple con su deber a pesar de tener miedo. Tener valor nos ayuda a superar nuestras debilidades y a vivir virtuosamente. Quien tiene coraje sigue sintiendo miedo, ansiedad y deseo, pero es el coraje lo que le ayuda a actuar de la manera correcta a pesar de sus miedos. A menudo, nuestra reacción inicial ante el miedo es entrar en pánico. El miedo puede apoderarse de nuestra mente racional. Pero los valientes no se aferran a estas reacciones iniciales. Por el contrario, van más allá de ellas.

Sin persistencia somos incapaces de soportar cualquier dificultad en nuestro camino hacia una meta y, como tal, podemos ceder a vicios pecaminosos. La valentía no consiste sólo en afrontar nuestros miedos, sino también en ser indiferentes a las situaciones externas. En última instancia, la valentía nos llevará a ser capaces de hacer lo correcto a pesar de las reservas y los miedos. El coraje actualizado puede verse como Marco Aurelio luchando por superar las corrupciones del poder absoluto. Para ser un hombre de bien incluso cuando Roma estaba en plena decadencia y declive. Se trata del luchador que sale a la batalla frente al miedo. Cada conquista requiere valor y el proceso a su vez construye más valor. Actúa, arriésgate y obtén recompensas.

"Hay que memorizar y obedecer dos palabras: "persiste y resiste". - Epicteto

Moderación

La moderación consiste en saber que la verdadera abundancia proviene de tener sólo lo esencial. Ante la tentación, nos ayuda a defendernos de los placeres fugaces, de los dolores y de las falsas realidades. Uno es prudente sobre lo que debe y no debe hacer ante el deseo. Es una manera de saber si las cosas merecen ser elegidas o evitadas. En los tiempos modernos, esto podría asociarse con ser consciente o tener conciencia moral.

Mirar las cosas con distancia nos ayuda a ser más objetivos y a hacer lo correcto. En realidad, puede resumirse en el control de uno mismo para no caer en excesos, ya sea en la comida, los vicios, el pensamiento, etc. A su vez, podemos beneficiarnos de la satisfacción a largo plazo frente a los placeres fugaces a corto plazo.

Podemos liberarnos del materialismo, el comportamiento extremo, los impulsos, los antojos y las adicciones. Esto nos ayuda a prosperar y a vivir en abundancia cuando lo practicamos correctamente. En última instancia, se trata de hacer lo esencial y necesario. Nada más.

El estoicismo nos enseña a practicar la moderación en todo, desde la riqueza, el apetito, la indulgencia y la vida. Especialmente en estos días en que los medios sociales y la vida a la carta nos impulsan a la dopamina, podemos beneficiarnos de eso más que nunca. Podemos evitar caer en manos de la codicia, la pereza y los comportamientos adictivos. A través de la moderación podemos obtener más beneficios positivos, como la modestia, el orden y el autodominio. Lo contrario de la moderación es la avaricia, la adicción, la gratificación instantánea, la pereza y la procrastinación.

"La mayor parte de lo que decimos y hacemos es innecesario. Así que en cada caso uno debe preguntarse a sí mismo: ¿Es esto algo necesario o no?" - Marco Aurelio

Vivir Virtuosamente

A los primeros estoicos se les enseñaba a pensar con claridad, a tomar decisiones con rapidez y a no arrepentirse después de decidir. Epicteto aconsejaba a sus alumnos que, a la hora de tomar decisiones, fueran conscientes de lo que estaba bajo su control. Primero, entiende a qué te enfrentas. ¿Está bajo tu control o no? Una vez que hayas determinado lo que está bajo tu control, puedes empezar a pensar con claridad sobre eso. A continuación, determina si se trata de una virtud. Pásalo por las cuatro virtudes cardinales. Si es algo virtuoso, hazlo. Si no lo es, no lo hagas. Las decisiones pueden ser así de sencillas.

Para cualquier cosa indiferente, considera si son los indiferentes preferidos. Esto incluye cosas como la buena salud, la riqueza, la belleza, la fuerza, la reputación, etc. Mientras que los indiferentes no preferidos, que son contrarios a la naturaleza, incluyen cosas como la muerte, la debilidad, el dolor, la enfermedad, la pobreza, etc. En la mayoría de los casos es mejor evitarlos, pero en otros debemos ser virtuosos y tratarlos como es debido, es decir, comportarse con indiferencia hacia ellos. Observa que a menudo son temporales y no afectan al control de nuestro ser interior. El uso virtuoso de los indiferentes nos llevará a una vida feliz. Mientras que su uso incorrecto nos hará infelices.

Actúa con eficacia. Actúa sólo cuando hayas evaluado la situación. Tómate tu tiempo para pensar, planificar y reflexionar antes de lanzarte a hacer algo. Considera las consecuencias, los pros y los contras. Las buenas decisiones dependen del tiempo que dediques a considerar el curso de acción adecuado. Evidentemente, no hay que complicarse la vida pensando demasiado, pero hay que asegurarse de haber reflexionado al menos un poco antes de actuar. Mira antes de saltar, por así decirlo. Para las grandes decisiones, es una buena idea tenerlo todo por escrito para que tu mente no dé vueltas y pueda trabajar de forma más creativa.

Cuando una persona se convierte en un adulto con razón tiene la capacidad de realizar "actos apropiados". El estoicismo define un acto apropiado como "aquello que la razón persuade a hacer" o "aquello que cuando se hace admite una justificación razonable." Cada acción que realizamos debe ser auténtica para nuestra integridad moral. Eso requiere que uno comprenda las acciones que realiza y el impacto de las mismas, no sólo en su vida, sino dentro del universo. La mayoría de la gente actúa de forma egoísta y no se ajusta a las leyes de la vida en su conjunto con respecto a todas las virtudes. Para ayudar a comprender nuestras acciones, podemos clasificarlas en una escala que va de lo vicioso a lo virtuoso.

1. Acciones contra el acto apropiado

    a. Por ejemplo, descuidar a la familia, no tratar a los demás con amabilidad, derrochar la riqueza o la salud en circunstancias inadecuadas.

2. Acciones apropiadas intermedias que, aunque son una conducta apropiada, no son coherentes con las cuatro virtudes

    a. Por ejemplo, agradar a la gente, hacer algo en beneficio de un colectivo pero que al mismo tiempo repercute negativamente en los demás.

3. Actos perfectos realizados de forma coherente con lo racional

    a. Esto es virtuoso.

No nacemos pecadores o corruptos, sino que nacemos con recursos para prosperar en la vida. Todos llevamos dentro las semillas de la virtud y es nuestra responsabilidad sacarlas a la luz. Sí, todos tenemos diferentes puntos de partida. A lo largo de la vida se nos presentarán obstáculos, distracciones y malas situaciones, pero podemos elegir cómo responder a ellos. Nuestras herramientas y esfuerzos innatos determinan en última instancia a dónde llegaremos. Vivir de acuerdo con estas virtudes es el objetivo del estoicismo y es el progreso hacia una vida alineada con la naturaleza.

Elige prosperar y vivir feliz viviendo virtuosamente. La virtud en sí misma es su propia recompensa. No se trata de hacer algo porque te hace sentir bien. Más bien se trata de actuar en alineación con la naturaleza para ser virtuoso. Poner en práctica el conocimiento de estas cuatro virtudes es primordial. Te ayudará a saber cómo responder en diversas situaciones. Sea cual sea esa situación. Ya sea una situación positiva o negativa, uno puede elegir responder con virtud. Hazte preguntas antes de emprender cualquier acción y deja que las virtudes del estoicismo te revelen las respuestas. A través de la práctica de la virtud puedes alcanzar la felicidad, el éxito, el honor, la alabanza, el amor y vivir alineado con la naturaleza. Al final, tu felicidad y tu calidad de vida dependen de eso.

LA DICOTOMÍA DEL CONTROL Y LA ACEPTACIÓN DE TU DESTINO

La dicotomía del control es una de las enseñanzas más populares del estoicismo. Todas las cosas de la vida pueden dividirse en lo que controlamos y lo que no controlamos. La sabiduría consiste en saber qué controlamos y qué no controlamos. Darse cuenta de que lo que controlamos es muy limitado. Sería tonto y narcisista suponer que todo está bajo tu control. Intentar controlar cosas que no puedes controlar también te volverá loco. El sufrimiento emocional es el resultado de dar demasiada importancia a cosas que están fuera de nuestro control. Se causa estrés innecesariamente porque, sencillamente, no es posible cambiar esas cosas. El apego a ellas nos convierte en esclavos de ellas. Cuando las cosas no salen como quieres, las emociones pueden descontrolarse porque están ligadas a algo que no controlas. En última instancia, lo más importante que está bajo tu control es tu mundo interior.

La psicología moderna reconoce el valor de comprender los límites entre lo que podemos y no podemos controlar. La felicidad depende en un cuarenta por ciento de lo que podemos controlar. Mientras que sólo entre un diez y un veinte por ciento proviene de circunstancias externas. El cuarenta por ciento restante de las necesidades de felicidad está en nuestro interior. Sabiendo esto, es posible trabajar para mejorar significativamente la felicidad general, incluso si eres pesimista por naturaleza.

Independientemente de las circunstancias externas, cualquiera puede ser más feliz. Primero, debes darte cuenta de que hay cosas que puedes controlar y otras que no. Esencialmente, nuestro mundo interior es lo que podemos controlar. La mayoría de las cosas de este mundo están fuera de tu control. No puedes controlar en qué tipo de familia naces. No puedes controlar la economía, las enfermedades, el tiempo, etc. En última instancia, no controlamos lo que nos ocurre ni siquiera a nuestro propio cuerpo. La gente tendrá sus opiniones y tú tampoco puedes controlarlas. Cada uno tiene su propia opinión. Mientras que algunos pensarán que eres increíble, otros pensarán lo contrario de ti. No hay mucho que puedas hacer para cambiar esa opinión. Pero puedes elegir que no te afecte, porque controlas tu propia reacción interna.

No podemos controlar este mundo loco, pero sí podemos controlar cómo respondemos a él. Recuérdalo todos los días. Libérate del apego emocional a querer que las cosas sucedan de una determinada manera. No pierdas más tiempo quejándote de cosas que no controlas o intentando controlarlas. La paz viene de aceptar esto y dejar ir lo que no podemos controlar. La infelicidad viene de intentar controlar lo que no podemos. Comprender esto te ayudará a moverte por el mundo con facilidad. Cambiarnos a nosotros mismos es más fácil que intentar cambiar el mundo. Sé tú el cambio que quieres ver en el mundo. Comprender esto te aportará fuerza y sabiduría. Cuando intentas controlar esas cosas a menudo te trae infelicidad. En lugar de eso, céntrate en lo que sí puedes controlar: tus pensamientos, tus juicios y tus acciones.

La analogía del arquero en la filosofía estoica lo explica bien. El objetivo del arquero es dar en el blanco. Hay cosas sobre las que tiene control. Por ejemplo, tiene control sobre la elección del arco y la flecha, su entrenamiento, su puntería y cuándo disparar. Puede hacerlo lo mejor posible con todos estos elementos. Pero que dé o no en el blanco es algo que, en última instancia, está fuera de su control. En cualquier momento puede llegar el viento y hacerle fallar. Tiene que estar dispuesto a aceptar todos los resultados posibles. Al hacerlo, tiene que aceptar que ha hecho todo lo que ha podido. El resto depende del universo. Cree y da siempre lo mejor de ti. Deja el resto a la naturaleza. Si tiene que ser, será. Lo único que podemos hacer es dar lo mejor de nosotros mismos, dejar de apegarnos al resultado y aceptar lo que ocurra.

"Tienes poder sobre tu mente, no sobre los acontecimientos externos. Date cuenta de esto y encontrarás la fuerza". - Marco Aurelio

Amor Fati (amor al destino)

El estoicismo nos llama a ser responsables de nosotros mismos y a aprender a aceptar las cosas como son. Por ejemplo, enfadarse con el tráfico por tardar demasiado no ayudará a acelerar las cosas. Ya ha ocurrido y tú no puedes controlarlo. Debes aceptarlo. Nuestra percepción de lo que nos ocurre está bajo nuestro control. Podemos decidir si algo es bueno, malo o indiferente. Aprende a diferenciarlos. Después, concéntrate en las reacciones y acciones adecuadas por tu parte. Ahí es donde está tu verdadero poder. Cuando entiendes lo que puedes y controlas, te permite concentrar la energía en lo que importa, que son tus pensamientos y acciones.

Los antiguos estoicos creían firmemente en el destino y en los poderes de la adivinación. Lo llamaban Amor Fati, que en esencia significa amor al destino. Tenemos que aceptar que lo que ocurre escapa a nuestro control. Cuando aprendemos a aceptar lo que ocurre, pasamos de aceptar lo que ocurre a amar lo que ocurre. Debes darte cuenta de que algo más grande que tú controla tu destino. Debes darte cuenta de que puede ser un paso hacia algo mucho más favorable para ti. Ámalo. Esto es Amor Fati.

Según el estoicismo, todo lo que sucede ya está predeterminado y la ética estoica dicta que la felicidad humana pasa por ajustarse al plan predeterminado. También conocido como vivir alineado con la naturaleza o el plan de Dios. Sin embargo, también sostienen que todos tenemos innumerables realidades diferentes que dependen de las elecciones que hacemos y de los caminos que decidimos seguir. Nuestro destino está escrito, pero tenemos libre albedrío. Si vivimos alineados con la naturaleza, realizaremos nuestro destino, que es vivir nuestra mejor vida.

Ahora bien, algunos de ustedes dirán que, si nuestros resultados ya están fijados, ¿para qué molestarse? Si ya está predestinado, ¿qué sentido tiene? Los estoicos responderían que las secuencias y los acontecimientos están destinados conjuntamente. Los grandes acontecimientos de nuestra vida, como el día en que morimos o el día en que nacemos, están predestinados. Es nuestro carácter individual el que nos hace declinar o tomar las mejores acciones que se nos presentan. Sócrates supo a través de un sueño que moriría en cautiverio dentro de tres días. Eligió aceptar el plan de Dios y no resistirse a él. Si hubiera actuado en contra de la naturaleza, tal vez habría escapado. Pero a pesar de todo, hubiera muerto dentro de tres días. Elegir la moralidad se alineará con el determinismo. Dentro de este marco podemos tomar las decisiones correctas y encontrar nuestro mejor destino.

Los resultados siguen dependiendo de tus acciones y es lo que puedes controlar. Si te sientas y no haces nada, no tendrás una buena vida. El estoicismo requiere que tomes las medidas adecuadas. Recuerda que no se trata de ser pasivo sin ambición. Es necesario pensar en el futuro e idear la mejor estrategia para conseguir lo que quieres. Marco Aurelio se enfrentó a numerosas plagas y muchas desgracias fuera de su control, pero prevaleció. De lo contrario, Roma habría caído. Sucede lo mismo en la metáfora que los estoicos utilizaban a menudo de un perro que avanza subido a una carreta. El perro puede disfrutar del paseo con la carreta, aunque no la controle, o puede tratar de resistirse y dejarse arrastrar por ella. Nosotros también tenemos la opción de aceptar nuestro destino o dejarnos arrastrar por él. En ambos casos acabamos en el mismo destino, pero uno tiene una experiencia peor que el otro.

Los estoicos actúan. No se quedan sentados pensando en vivir una buena vida. Se enfrentan a los retos y toman las decisiones correctas. Debemos seguir avanzando hacia nuestros objetivos. Puede que esperemos un resultado determinado, pero puede que obtengamos algo mucho mejor. Céntrate en el proceso de pasar a la acción y disfruta del camino. Esto está bajo tu control. Cuando las cosas escapan de nuestro control, aún podemos decidir cómo responder. Céntrate en hacerlo lo mejor que puedas. El estoicismo nos enseña a actuar sin pensar en recompensas futuras. Hay tres premisas para actuar. Una es evitar actuar por impulso. La segunda es ser conscientes de lo que hacemos. Y la tercera es no pensar en los resultados de la acción. En cuanto a los resultados, hay que aceptarlos como son. En última instancia, los acontecimientos del mundo exterior escapan de tu control. Por lo tanto, es mejor aceptarlos tal y como vienen.

"El destino guía a los voluntariosos y arrastra a los reacios", Séneca.

Como estoicos, se supone que debemos hacer lo correcto y dar lo mejor de nosotros mismos. También debemos aceptar lo que suceda. Séneca definió esto como "Navegaré a través del océano, si nada me lo impide". Esta es la clave para construir confianza y seguridad. Ten fe en que sabes que has dado lo mejor de ti y que el resultado está fuera de tu control. Acepta el resultado sea cual sea y sigue actuando en alianza con la virtud. Este es el proceso. A lo largo del camino puedes adaptarte y cambiar el plan cuando cambien las circunstancias. Todo lo que sucede, es porque estaba destinado a suceder. Sigue avanzando y verás que lo que podrías pensar que es malo se convertirá en bueno.

Nada es más poderoso en el estoicismo que la comprensión de la dicotomía del control. Interioriza su comprensión porque te ayudará mucho en la vida. Es sencillo de entender, pero puede ser difícil de practicar. Cuando atravesamos momentos difíciles, recordar aquello sobre lo que tenemos control puede hacer que las cosas sean más llevaderas. Esto aleja nuestra atención del problema percibido y la centra en lo que sí controlamos. Abandonar la fantasía de tener el control nos permite afrontar la vida con mucha más eficacia. Todo lo que ocurre puede soportarse o no. O lo soportas o dejas de quejarte. No pierdas el tiempo con cosas que tú no controlas. Acepta lo que te venga y entiende que, a la larga, te está ayudando a crecer. Volvemos al Amor Fati, que es la aceptación amorosa del propio destino.

LA SOCIEDAD, LAS RELACIONES Y EL AMOR

Hace miles de años, los antiguos estoicos subrayaron la importancia de no hacer las cosas sólo por el beneficio personal, sino también por el bien común de la sociedad humana. En aquella época era un mensaje conmovedor en una sociedad corrupta e invadida por el interés personal. Seamos de la condición que seamos, nuestras accionesr pueden beneficiar a los demás. Cuidar y preocuparse por el universo nos ayuda a vivir mejor. Cuidar del universo significa que también cuidamos de nosotros mismos, porque todos somos uno. Cuando los seres humanos piensan universalmente para toda la comunidad y viven de acuerdo con las cuatro virtudes cardinales, viven alineados con la naturaleza.

Una de las principales creencias de los estoicos era un yo racional unificado y mantener esa unidad era primordial para ellos. Culpar a los demás sería desviarse de la unidad y eso sería un error. Así es como surgen los conflictos. La mayor parte surgen al no tener empatía o no comprender el punto de vista del otro. Debemos estar en armonía con nuestra naturaleza universal. Una regla estoica de oro es que "ningún hombre es una isla". Debemos darnos cuenta de que nuestros intereses individuales están entrelazados con los intereses y preocupaciones de los demás. Si sólo nos centramos en nosotros mismos, sufriremos y fracasaremos porque actuamos de forma egoísta y en contra de la humanidad. Mantente en contacto con los demás y trátalos con la misma amabilidad con la que te tratarías a ti mismo. Nuestro desarrollo personal se basa en estar al servicio de los demás. Trata a la familia como a los tuyos, a los amigos como a la familia, a los desconocidos como a amigos, etc. Acercar el círculo de la vida de los demás al nuestro nos acerca a vivir alineados con la naturaleza.

La base de la "filantropía" estoica es amar a los congéneres de nuestro universo. Recuerda que todos fuimos creados los unos para los otros. Ten en cuenta que todos formamos parte de una entidad mayor. Marco Aurelio sugirió que nos viéramos a nosotros mismos como un miembro de un cuerpo mayor. Deja que esto guíe tus pensamientos, tus acciones y tu vida. Darse cuenta de que todos estamos conectados es virtuoso y crucial para vivir una buena vida. El estoicismo defiende que nos ampliemos para abarcar a los demás. Como ya se ha explicado, lo llaman Oikeiôsis. Nuestros objetivos deben incorporar el bien mayor de la humanidad porque eso es virtuoso. Sin duda, esto nos llevará a ser más bondadosos.

El estoicismo nos enseña a actuar al servicio de los demás sin buscar ganancia, alabanza o reconocimiento. Puesto que todos estamos conectados a través del universo, está en nuestra naturaleza actuar de forma altruista. Tomar es insaciable, pero dar no tiene límites. Zenón, el filósofo estoico original, subrayó la importancia del deber y la obligación con nuestra familia y la sociedad. Según sus enseñanzas, debemos hacer cosas buenas por los demás sin deseo de recompensa o alabanza. Cuando actuamos por el bien común de la humanidad también es mejor para nosotros. Haz el bien porque sí y no esperes nada a cambio. La virtud será tu recompensa.

Sé mejor y eleva al mundo contigo, porque cuanto más te desarrolles, mejor podrás servir a la sociedad. Aunque puede ser difícil y desafiante, en última instancia te traerá más alegría que la búsqueda egoísta de la pasión. Tu contribución no tiene por qué ser necesariamente grandiosa. Pueden ser pequeñas cosas que ayuden a la vida de otras personas. Piensa en eso como actos aleatorios de bondad diaria. O proyectos benéficos en los que participes. Sigue pensando en formas de mejorar la vida de los demás y de la comunidad. Busca siempre la forma de marcar la diferencia. Sé el hombro en el que llorar. Sé el amigo que escucha. Sé amable y presta servicio. Ayuda a los demás cuando veas que lo necesitan. Tal vez puedas ser voluntario o hacer un donativo a una organización benéfica. Aprovecha cualquier oportunidad para mostrar tu amabilidad. Alégrale el día a alguien. Haz una lista de todos los actos de bondad que haces tú. De los grandes a los pequeños. Puede ser algo tan pequeño como una sonrisa, un cumplido o incluso abrirle la puerta a alguien. Pero recuerda hacerlo sin buscar recompensa o elogio. No presumas de eso ni alardees. Hazlo por el simple hecho de ser amable.

Puede parecer un poco abrumador ser responsable de los demás mientras luchas con tu propia responsabilidad personal. Pero se trata simplemente de tener responsabilidad por el bien común. No actuar de forma egoísta, pensar en cómo tus emociones y acciones repercuten en los demás. Hacer lo contrario es ir contra natura, lo que no es virtuoso y a la larga traerá tristeza y negatividad. Perseguir sin rumbo tus propios deseos y placeres es una receta para una vida solitaria y carente de virtud. Servir a los demás y hacer contribuciones a la humanidad son las claves para vivir una buena vida.

Pero ¿qué pasa cuando los demás te hacen daño? Los antiguos estoicos creían que la gente no actúa mal a propósito. Creían que las personas actúan de la manera que creen que es mejor para ellas. Sin embargo, a veces no son realmente conscientes de lo que les conviene. Por tanto, no debemos culparlos, sino sentir empatía por ellos.

Todos nacemos con un lienzo en blanco. A lo largo de nuestra vida absorbemos información, emociones y experiencias. Nuestro cerebro lo traza todo y empezamos a ser moldeados por nuestro entorno y nuestra vida. Todo eso nos hace diferentes y únicos a nuestra manera. De hecho, algunos de nosotros hemos crecido en entornos menos favorables. Algunos hemos tenido una infancia dura, malas situaciones, estilos de vida e influencias a lo largo de nuestra trayectoria individual. Para entendernos necesitamos sentir empatía y compasión. Cuando nos volvemos más compasivos podemos relacionarnos y comprendernos mucho mejor. En última instancia, mejora nuestro concepto de unidad con los demás porque nos ayuda a comprenderlos mejor. Los estoicos aprecian las diferencias de los demás para comprender sus valores y creencias. Éste es el poder de la empatía. Ser capaz de sentir y comprender profundamente a otra persona.

"Lo que no es bueno para la colmena, no puede ser bueno para las abejas". - Marco Aurelio

Las Relaciones

Amistad

En el estoicismo, las relaciones basadas en sentimientos naturales son saludables y deben cultivarse. Pero las basadas en la pasión, la dependencia o sin razón deben evitarse. Valoraban la amistad, pero también entendían que la amistad conlleva ciertas tensiones. De hecho, pueden ser satisfactorias, pero también pueden conducir a la dependencia. La verdadera amistad sólo es posible después de eliminar los apegos, cuando las personas no son sólo amigas para ganar algo. De nuevo, no se trata de cortar lazos con otros seres humanos y vivir en soledad. Simplemente sé consciente de que todo es efímero y nada dura para siempre. No te apegues ni te aferres a la gente. Ese comportamiento es posesivo y, en última instancia, conduce a la miseria. Acepta que en la vida nada es permanente.

Recuerda que la gente de la que te rodeas es a la que te pareces. Si estás cerca de ellas el tiempo suficiente, empezarás a hablar, pensar y actuar como ellas. Piensa bien con quién te relacionas. Elige a personas que quieran ser mejores seres humanos. Que sean ambiciosas y vivan la vida a la que tú aspiras. O quizá no tengan éxito ahora, pero tienen la motivación y el impulso para ser mejores. Sopesa cuidadosamente a las personas de tu vida. Rodéate de grandes personas y tú también llegarás a ser grande porque te elevarán. Asegúrate de que son personas a las que aspiras parecerte. ¿Te elevan las personas con las que te relacionas? ¿Te inspiran? ¿Quieres ser como ellos? La respuesta debería ser sí. Si no, es hora de conocer gente nueva. Al final es mejor estar solo que mal acompañado, porque estar mal acompañado es tóxico.

El Amor y la Lujuria

En la sociedad moderna se ha dado mucha importancia al romance y al amor. Las películas y los medios de comunicación muestran representaciones idealistas del amor romántico. Pero algunas personas viven para eso y el problema es que lo persiguen. El amor podemos darlo libremente sin esperar nada a cambio. Pero el amor es antinatural e innecesario. La naturaleza no nos hace desear el amor, sino que es la sociedad la que lo hace. El amor es una obsesión por satisfacer un deseo. Puede parecer maravilloso, pero a menudo trae dolor. Una vez que la persona amada está ausente, uno se obsesiona con extrañarla.

La lujuria, en cambio, es un deseo que escapa de nuestro control. En los estados de lujuria anhelamos a otra persona y eso nos convierte en esclavos de ese deseo porque no podemos controlar a ese otro ser humano. Ahora bien, eso no significa que debamos intentar abandonar por completo la lujuria. Por ejemplo, el sexo es una forma de lujuria y es visto como un indiferente preferido. Significa que es natural pero también innecesario. No tenemos que evitarlo, pero debemos tener cuidado de no abrumarnos o hacer cosas equivocadas debido a eso. Por ejemplo, no ser impulsivos, lo que a menudo conduce al arrepentimiento. El estoico sensato es consciente de que el sexo puede perturbar la mente cuando se maneja mal, lo que puede hacer que actúe de forma incorrecta. Sin embargo, se da cuenta de que el sexo es algo que los humanos harán de todos modos. Por lo tanto, debe organizarse de modo que produzca el menor dolor y la mayor alegría posible.

Cuando una pareja se enamora por primera vez, queda atrapada en un periodo de enamoramiento que también se conoce como "la fase de luna de miel". No suele durar mucho y, con demasiada frecuencia, durante esta fase las parejas no se ven con objetividad. Por eso, suelen verse sorprendidos por importantes defectos o problemas de compatibilidad. Cuando la luna de miel desaparece, la pareja se enfrenta a esos defectos o problemas de compatibilidad. Esto puede evitarse tomando las cosas con más calma y llegando a comprender la naturaleza de una persona sin dejarse atrapar por la lujuria, el ansia o la necesidad. Evita ese deseo de querer o aferrarte a otra persona. Mantén tu vida llena de otras cosas y no sólo de ese apego a la persona.

Cuando una pareja supera la fase de luna de miel y permanece unida es cuando empieza a formarse una relación duradera. Ésta se basa en el compañerismo, la confianza, la honestidad y la amistad. Uno sólo debe comprometerse con alguien si cumple esos criterios. El estoicismo nos enseña a tener relaciones sanas sin aferrarnos a nadie ni sentir lujuria. A los solteros, el estoicismo nos enseña a ser lo más puros posible antes de casarnos. Si uno decide entregarse a los placeres, debe hacerlo con respeto y sin herir a los demás. Se puede tener de todo con moderación. De nuevo, compórtate como si estuvieras en un banquete. Si te sirven algo, cómete una porción. Si aún no te lo han dado, espera.

Por cierto, muchas escuelas de estoicismo enseñan que la monogamia es antinatural y no es beneficiosa para ser feliz. Afirman que los hombres en particular deben centrarse en más de una pareja para que puedan evitar las obsesiones psicológicas y las trampas del amor. Por favor, no malinterpretes esto como misógino. Intenta verlo objetivamente. Esencialmente se trata de no aferrarse a una persona porque como tú sabes no está bajo tu control. La tranquilidad del alma depende de si podemos liberarnos de apegos a objetos o personas. La poligamia te libera del apego y esto reduce los sentimientos de posesividad o celos.

Cuando una pareja está en una relación monógama debe haber preocupación y compañía mutua. En los buenos y en los malos momentos deben apoyarse mutuamente. Cuando una persona busca satisfacer sus propios intereses descuidando a su pareja, la relación fracasa. En última instancia, no hay garantías de que una relación dure para siempre. Como en la vida misma, nada es permanente. Hace miles de años, el estoicismo enseñaba el concepto de dejar ir. Lo llamaban el "arte de la aquiescencia". En esencia, se trata de renunciar a ciertas cosas y asentir para que puedan ser lo que han de llegar a ser. Esto no es tan fácil de conseguir. Al fin y al cabo, somos humanos y, naturalmente, todos podemos encariñarnos. De nuevo se trata de darse cuenta de que las cosas están fuera de nuestro control. Despréndete de ese ego de querer y tener. Cree y haz lo mejor que puedas. Deja el resto en manos de Dios.

Ama con honestidad y mortalidad. Recuerda que el núcleo del estoicismo es la virtud. Cuando las personas entran en una relación tienen el potencial de crear virtud y con el tiempo criar hijos virtuosos. Las relaciones pueden entonces convertirse en una forma de satisfacer la lujuria y vivir de forma virtuosa. Pueden ser cálidas y felices, con parejas que viven juntas virtuosamente y en armonía con la naturaleza.

EL CAMINO HACIA EL AUTODOMINIO

Los deseos humanos provienen de nuestra evolución. Evolucionamos gracias a nuestros deseos innatos de alimentación, reproducción y aversión a la incomodidad para sobrevivir. Muchos de nuestros instintos básicos los compartimos con los animales y, de hecho, nos han servido de mucho. Con el tiempo, nuestros deseos han evolucionado hacia la jerarquía social, las relaciones sexuales y mucho más. Es esta combinación añadida de creatividad e imaginación humanas la que ha desviado nuestros deseos hacia pasiones malsanas, compulsiones y obsesiones. En exceso, se han vuelto disfuncionales y amenazan nuestro bienestar. El deseo puede causarnos un dolor innecesario. Actualizado, puede verse como una criatura racional actuando fuera de alineación con la naturaleza. O más sencillamente, un ser humano actuando como un animal.

En los tiempos modernos, la publicidad y las campañas de marketing manipulan nuestros deseos para que valoremos y deseemos más las cosas. Se despiertan nuestros impulsos para aprovecharse de nuestra debilidad por el materialismo, el atractivo sexual, el poder y el estatus. El estoicismo se adelantó a su tiempo porque sabía con qué facilidad los seres humanos podían dejarse llevar por el mal camino. Defendían la necesidad de restringir nuestro deseo humano dentro de unos límites razonables. Al fin y al cabo, su lema era "vivir en consonancia con la naturaleza". Ahora bien, esto no significa volver a nuestras raíces primitivas, ni irnos a vivir a las cuevas. Más bien se trata de resistirse a los deseos que son excesivos porque ir más allá de tu límite natural humano a menudo crea dolor o conflicto. Basta con echar un vistazo atrás en la historia y te darás cuenta de que muchas guerras y conflictos fueron causados por personas que buscaban más de lo necesario para su felicidad.

Apatheia

La Apatheia es el estado mental estoico libre de perturbaciones emocionales. Literalmente significa vivir sin pasiones. No debe confundirse con la palabra apatía, que es un término negativo. La Apatheia es un término positivo. La confusión entre ambos conduce al desapego de la realidad. La apatía nos ayuda a gestionar eficazmente nuestras emociones reconociéndolas y aceptándolas. Según el estoicismo, el propósito fundamental del ser humano es encontrar la Apatheia. Ahora bien, por favor, no confundas eso con vivir sin emociones. Las emociones y las pasiones son diferentes. Las pasiones son el resultado del deseo, mientras que las emociones forman parte de la experiencia humana normal. En aquellos tiempos las palabras también tenían un significado diferente al de nuestra terminología moderna. Los antiguos estoicos no aspiraban a una vida sin pasiones ni sin emociones. El conocimiento de uno mismo es la clave. Incluso la psicología moderna nos dice que no ocultemos nuestras emociones, sino que seamos conscientes de ellas. Así es como podemos hacer cambios reales y a su vez vivir virtuosamente. De nuevo en contra de juicios erróneos el estoicismo no consiste en privarse de uno mismo. Los estoicos experimentan todas las emociones, pero eligen tomar las decisiones correctas no basándose en ellas sino en la virtud.

El valor viene de cómo lo usas, no sólo de tenerlo. Sí, debemos tener algunas cosas. Por supuesto que necesitamos lo esencial para llevar una vida cómoda y siempre debemos esforzarnos por mejorar nuestras vidas. No necesitamos eliminar nuestros deseos por completo. Comúnmente la gente se introduce al estoicismo y asume que necesita renunciar a todos sus placeres y vicios. Piensan que les exigirá renunciar a cosas como el alcohol, las drogas, el sexo y demás en la búsqueda de la felicidad. Piensan que el estoicismo prohíbe a sus seguidores entregarse a los placeres. El estoicismo no prohíbe los placeres. No es necesario que tú te prives. Debemos seguir sintiéndonos inspirados por la belleza, disfrutar comiendo alimentos deliciosos, divertirnos con los amigos, etc.

Un estoico bien entrenado puede, por ejemplo, ver a alguien atractivo y sentir un destello de deseo. Por supuesto, es una respuesta natural. Pero eso no es lujuria. La lujuria ocurre cuando alguien imagina relaciones íntimas con una persona. Se consume por el sentimiento y lo asocia como algo bueno en lugar de lo que realmente es, que es indiferente. Pensamos que estas cosas son intrínsecamente buenas, pero en última instancia son indiferentes. Del mismo modo, nuestro miedo a perdernos algo o a temer cosas desagradables como la pobreza, la soledad, el bajo estatus, etc., también son indiferentes. Todo eso se basa en creencias falsas que parecen reales. Séneca, el famoso filósofo estoico, decía que debemos disfrutar de los placeres que nos llegan, pero que debemos permanecer indiferentes ante su ausencia o presencia.

En el estoicismo, las pasiones se explican como el asentimiento a una impresión. Es lo que viene después de nuestra respuesta automática a las cosas. Eso está fuera de nuestro control.

Esta es la razón por la que nos centramos en lo que está bajo nuestro control. Liberarse de nuestras pasiones depende de liberar nuestra respuesta emocional a los acontecimientos que no controlamos. El estoicismo divide las pasiones en sanas y malsanas. Una mente estoica bien entrenada es capaz de distinguirlas. En última instancia, tenemos que aprender a ser felices con lo que tenemos. Sé agradecido y aprovecha la vida al máximo. Céntrate en apreciar todo lo que tienes y cultiva tener las cosas adecuadas. No cosas para impresionar a los demás o para distraernos de nuestro propósito.

A través del estoicismo podemos aprender qué es lo que realmente nos hace felices y darnos cuenta de cómo nos afecta y qué son en realidad. Una vida feliz implica placer, pero tiene que encajar en el panorama general y entenderse claramente. Los estoicos afirman que debes seguir la virtud. La virtud es el principio rector del estoicismo. Es el bien supremo y es una combinación de las cuatro cualidades de la sabiduría, la justicia, el valor y el autocontrol. Para experimentar verdaderamente el placer, debemos hacer de la virtud la búsqueda suprema. A través de la búsqueda de la virtud experimentamos el placer y la felicidad como productos derivados. Asegúrate de seguir ese orden de búsqueda. La virtud no es algo que se puede fingir. Es verdadera y debe cultivarse mediante la práctica real. Si no hay virtud, los placeres de la vida serán vacíos. Estarás bajo su hechizo y dependerás de ellos.

Recuerda que el estoicismo no es una religión que promueva condenar a aquellos que no siguen sus enseñanzas. Seguirlo no es un requisito. Pero si lo haces, tu vida sin duda mejorará. Los estoicos sabían que, al fin y al cabo, somos humanos. No somos perfectos. Nos sentiremos tentados, apegados, disgustados y fracasaremos. Todo eso está bien. Observa, reconoce y aprende de ello. Reflexiona sobre eso y analiza cómo mejorar porque tienes que estar mejorando constantemente. Si comprendemos la naturaleza humana, podemos buscar la alegría en lugar del placer. Podemos ser precavidos en lugar de temerosos. Podemos desear lo mejor en lugar de desearlo. Podemos evitar la pena, los celos, la depresión, la angustia y la preocupación. Cuando confiamos en la naturaleza cósmica podemos amar el resultado. Esta confianza presenta lo bueno en todos los acontecimientos que ocurren, por malos que parezcan. Con esta actitud podemos crecer y darnos cuenta de nuevas oportunidades. A través del estoicismo uno aprende a amar cualquier cosa que le suceda porque es por el bien mayor del universo. Amor Fati. La vida nos moldea, igual que los músculos crecen a través de la incomodidad. Piensa en tus propios retos y en cómo te han hecho mejor a ti. En última instancia, esto requiere un asentimiento a la providencia. Esencialmente es dejarse guiar por Dios.

"La riqueza no consiste en tener grandes posesiones, sino en tener pocas necesidades". - Epicteto

Disciplina

El estoicismo nos enseña el autodominio a través del autocontrol, la responsabilidad, la objetividad y el autoexamen. Sin esa disciplina flotaríamos por la vida y estaríamos al capricho del mundo y de nuestros deseos. Mediante la disciplina podemos tomar las riendas de nuestras vidas. Sean cuales sean los objetivos que te propongas en la vida, requerirán trabajo. Gran parte de ese trabajo consiste en superar los impulsos y hacer lo correcto, incluso cuando nos sentimos tentados a desviarnos. Ahora bien, esa sensación de tentación no desaparece necesariamente. Pero cuanto más actúes a pesar de esos impulsos, más fuerte se hará tu disciplina.

Epicteto decía que nos liberamos

eliminando el deseo, no llenando nuestro corazón con él. Anhelar o desear algo es algo que compartimos con los animales, pero tenemos la capacidad de la razón para aplicarlo a nuestras acciones. Muchos de nosotros esperamos, ansiamos y deseamos. Deseamos conocer a la pareja adecuada, perder peso, etc. Pero a menudo no actuamos lo suficiente. Nos contenemos. Podemos sentarnos, rezar y suplicar todo lo que queramos, pero hasta que no hagamos algo al respecto, lo más probable es que nuestra vida siga igual. Cada uno de nosotros tiene que responsabilizarse de sí mismo, de sus pensamientos y acciones. Avanzar requiere una acción deliberada. No solamente desearlo. Está bien sentirse intimidado por los obstáculos a los que te enfrentas. No desees que ocurran. Haz que sucedan. Utiliza la disciplina para superar los deseos y pasar a la acción.

El estoicismo nos ayuda a tomar el curso correcto de las acciones y a tener una fuerza de voluntad fuerte para hacer lo que es mejor para el universo. Esto es útil porque vas a tener tentaciones a lo largo de la vida. ¿Te comportarás como un perro impulsivo o pensarás antes de actuar? De nuevo, un estoico no es alguien carente de pasión o emoción. Simplemente sabe comportarse de la manera correcta. Sabe cuándo es suficiente. Como tal, no se pierde en las drogas, el alcohol o las adicciones. Claro que puede permitirse algún capricho, pero sabe dónde está el límite. Esa línea es la diferencia entre estar controlado por algo o ser capaz de disfrutarlo a tu manera.

La disciplina es una de las habilidades más importantes para dominar una vida de éxito y superar los deseos malsanos. Cuando dominas una parte de tu vida, se crea un bucle de retroalimentación positiva en toda tu vida. Por ejemplo, tener tu cuerpo completamente en forma te da más energía, lo que se traduce en una mayor productividad y éxito en los negocios. O, por ejemplo, dominar tus finanzas te da más libertad para perseguir tus otros objetivos. Ya te haces una idea. Se trata de dominarte a ti mismo para que puedas vivir al máximo de tu potencial. Da siempre lo mejor de ti en todo lo que hagas. Nunca des menos del cien por cien. A menudo la recompensa está en el crecimiento personal derivado del esfuerzo realizado. Encuentra lo que se te da bien y dedícate a eso.

Mucha gente cree que la motivación es la clave para hacer las cosas. De hecho, puede conseguirlo. El problema es que aparece y desaparece. Por lo tanto, depender de ella no te dará resultados constantes. Ahí es donde entra en juego la disciplina. Cuando no hay motivación, la disciplina hace el trabajo. Date cuenta de que la tentación y la distracción dificultan mucho la disciplina. Las emociones entran en conflicto con la disciplina porque afectan a nuestra capacidad para resistir la tentación. En estados de emociones exacerbadas los humanos fallan en ser racionales y a menudo se involucran en actos de gratificación inmediata o toman malas decisiones. El alcohol es un inhibidor masivo en este caso porque apaga nuestra lógica.

En última instancia, las peores decisiones se toman bajo los efectos del alcohol o en un estado emocional negativo. Para que te resulte más fácil ser disciplinado, identifica y elimina esos inhibidores de tu éxito. Evita las situaciones que provoquen tentación. Si estás a dieta, elimina la comida chatarra de tu casa. Si tienes problemas con el alcohol, sustituye la sensación de tener una copa en la mano por un vaso de refresco. A la mayoría de la gente le suele gustar tener una bebida en la mano. Si luchas contra la lujuria, bloquea los sitios porno, haz un seguimiento de tus compulsiones, etc. Averigua cuáles son tus tentaciones y busca formas de evitarlas. Esconde la comida chatarra, pon el teléfono en silencio, trabaja de pie, etc. Sigue practicando la disciplina y ejercita esos músculos. El exceso de comodidad disminuye la disciplina. Practica cosas que requieran disciplina. Por ejemplo, levantarse temprano, ducharse con agua fría, hacer ejercicio, leer, etc. Empieza poco a poco y continúa. Aumenta las victorias. Lo que alimentas crece. Alimenta tu mente con disciplina. Puede resultar difícil cultivar más disciplina porque tenemos que ser responsables de nuestros actos.

Gratificación Diferida

Las cosas buenas llegan a los que esperan. Este es uno de los principios más importantes para crear riqueza o, de hecho, cualquier cosa que valga la pena. Por cierto, todas las religiones promueven la gratificación diferida como una de las virtudes más elevadas de los seres humanos. Se dan cuenta de que los seres humanos que se resisten a la tentación a corto plazo suelen beneficiarse a largo plazo. Sacrificar hoy aumentará tu calidad de vida en el futuro. Me gusta pensar que es como hacerle un favor a mi yo del futuro. Pensé en esto todos los días cuando me reservé un año para tener dos trabajos e invertir en mi negocio. Ahora puedo vivir bien gracias a mis sacrificios del pasado. Gracias a mi amigo del pasado. Mientras esos pequeños sacrificios que hago hoy me ayudarán en el futuro. Puede que tú ahorres dinero para vivir una jubilación mejor, o dices no a beber de más para salvar tu mañana y tu salud futura.

La gratificación diferida es poderosa porque sus beneficios se acumulan en el futuro. Por ejemplo, ahorras dinero y éste sigue creciendo. Si no te comes ese pastel, salvas tu salud en el futuro. Pasamos años estudiando y eso puede darnos toda una vida de trabajo y recompensas económicas. Invertimos en relaciones de calidad y pueden mejorar nuestra vida infinitamente. Todo eso hace que nuestra vida sea infinitamente mejor en el futuro. Podría decirse que es uno de los rasgos más importantes de una vida exitosa. Por lo tanto, todos deberíamos aprender y practicar la gratificación diferida. ¿Cómo desarrollamos la gratificación diferida?

Comprende que los que tienen problemas para aplicar la gratificación diferida suelen carecer de autocontrol y están controlados por sus emociones. Les cuesta resistirse a la tentación y, al final, les acaba pasando factura. He conocido a muchas personas que no sabían dónde poner el límite. Siempre se quedaban hasta tarde y se excedían en las fiestas. Su vida se resintió. Perdieron su trabajo y tuvieron que volver con sus padres porque no sabían cuándo parar. Eran demasiado indulgentes, gastaban demasiado, comían demasiado y eso arruinó su futuro. He sido testigo de esto una y otra vez. Personas arruinadas o dependientes de sus familias porque no se prepararon para el futuro. Porque no sabían dónde trazar la línea o entender el concepto de retrasar la gratificación. Recientemente hemos sido testigos de lo que les ha ocurrido a millones de personas que no estaban preparadas para la pandemia. La gente se había acostumbrado tanto a vivir el momento gastando todo lo que tenían que cuando la pandemia les golpeó no estaban preparados para afrontarla. No seas como ellos. Aprende a aplicar la gratificación diferida para que puedas proteger y promover tu futuro. No serás el que se apaga en un santiamén, sino alguien que vive una vida larga y próspera. Piensa en la fábula de la tortuga y el conejo. El conejo corre la carrera y se queda sin gasolina antes del final. Mientras tanto, la tortuga se pone al día a un ritmo lento y gana con facilidad.

Recuérdate a ti mismo por qué estás aplicando la gratificación diferida. Normalmente nos centramos en los beneficios inmediatos, pero para dejar de hacer esas cosas que nos perjudican tenemos que mirar el panorama general. Por ejemplo, si las finanzas te son un problema, crea una visión convincente de la vida que quieres vivir. Fija tus objetivos. De hecho, establece grandes metas que te obliguen a esforzarte. Elige un gran objetivo en tu vida que signifique algo para ti. Las cosas que quieres conseguir en esta vida, año, mes, día, etc. Tenlas claras y escríbelas. Crea esa visión fuerte. Siéntela, visualízala y escúchala todos los días. Crear un tablero de visión con tus objetivos puede ayudarte a manifestarlos. Busca imágenes que representen tus objetivos. Míralos día y noche. Siéntelos, míralos y escúchalos. Piensa siempre a gran escala. Ten una visión del éxito a largo plazo, más allá de la gratificación inmediata. Esto te ayudará en los altibajos. Piensa en eso como si fuera tu cartera de valores y observa cómo crece a lo largo de los años. Siempre debemos trabajar para conseguir algo, porque así nos mantendremos centrados e impulsados hacia el éxito. También debes rendir cuentas si tienes a alguien que lleve la cuenta de tus retos, logros y demás. Esto te ayudará a ganar confianza en ti mismo y a ser más resistente a medida que avanzas.

CÓMO DOMINAR Y CONTROLAR TUS EMOCIONES

A menudo se considera de forma errada que el estoicismo consiste en suprimir las emociones. En realidad, esto no es cierto. Al igual que otros seres humanos, los estoicos sienten todas las emociones. Contrariamente a la creencia popular, el estoicismo no aboga por la ausencia de emociones. Al contrario, lo que enseña es a dominar nuestras emociones para no dejarnos llevar por ellas. Uno nunca se librará de las emociones negativas, pero puede aprender a ganar control sobre ellas. No se trata de negar o suprimir tus emociones naturales. No, se trata de comprender esas emociones y encontrar las respuestas más eficaces, de liberarte de falsos juicios y alinearte con la verdad que te hace libre. A su vez, esto te convertirá en un ser humano más completo, más feliz y mejor.

Según el estoicismo, las emociones son el apego excesivo a los indiferentes preferidos. Las emociones influyen en nuestro enfoque de las distintas situaciones. Cada uno de nosotros tiene su propio carácter emocional. Las personas optimistas tienden a tomar decisiones optimistas, mientras que las pesimistas tienden a tomar decisiones pesimistas. El vaso está medio lleno o medio vacío. Esencialmente, vemos las cosas de maneras diferentes en función de nuestras características emocionales únicas. La mayor parte de estas emociones son inconscientes y pueden nublar nuestro juicio racional. El apetito, el miedo, el placer y la angustia son los cuatro tipos principales de emociones. El miedo y el apetito son juicios erróneos sobre si las cosas son buenas o malas. La angustia y el placer son juicios erróneos sobre el presente. Dentro de cada una de ellas hay subcategorías.

- Miedo - expectativa de que ocurra algo malo. El alma se encoge y experimentamos agonía, vacilación, temor, pánico o terror.
- Angustia - un encogimiento irracional del alma y la experiencia de emociones como la envidia, la malicia, la pena, la lástima, la angustia, el fastidio, etc.
- Apetito - cuando el alma se estira o se hincha irracionalmente en espera de algo bueno, como el deseo, la ira, el ansia, el anhelo, etc.
- Placer - sentimientos exacerbados hacia lo que parece digno, como la gratificación propia, el regocijo por otra desgracia, el encantamiento, etc.

Las emociones son poderosas. Pueden nublar tu juicio y hacer que actúes mal o cometas errores. Piensa en tu pasado. Seguro que puedes recordar muchas ocasiones en las que te enfadaste y dijiste o hiciste algo equivocado. O tal vez malinterpretaste una situación cuando tus emociones te llevaron por mal camino. Perder el control de tus emociones a menudo causa mucho más daño a largo plazo. Hace poco fui testigo de cómo un hombre enfurecido daba patadas y puñetazos al coche de otra persona. ¿Ayuda eso a alguien? A mí me pareció el comportamiento de un niño. Ese comportamiento podría haberle costado una noche en la cárcel o una buena multa. Las rabietas no nos darán lo que queremos en la vida. Siendo realistas, son una gestión inmadura de las emociones.

Todos hemos hecho o dicho alguna vez alguna tontería debido a nuestra respuesta emocional. Te enfadas con el camarero por traer la comida tarde. Te vuelves perezoso y dejas las cosas para el último momento. Son estas emociones las que pueden nublar nuestras mentes racionales. Nos gusta pensar que somos racionales, pero en la mayoría de los casos no lo somos. Las emociones son un estado mental subjetivo. Provienen de nuestras reacciones corporales a un estímulo y luego las sentimos en la cabeza. El miedo nos hace sudar y temblar. El amor nos acelera el corazón. Nuestro cuerpo registra primero una emoción y, por lo tanto, no es posible que utilicemos poderes conscientes para detener las emociones. Sin embargo, podemos utilizar nuestro poder consciente para redirigir nuestros estados emocionales. Después de experimentar una reacción incómoda podemos controlar cómo respondemos conscientemente para ser mejores en beneficio mutuo del universo. Este método es la base de muchas terapias psiquiátricas, como la terapia cognitivo-conductual, además de filosofías antiguas, como el budismo. En un mundo ideal, una persona toma sus decisiones racionales sin apenas perturbación de las emociones. Por ejemplo, llueve y eso cambia tus planes. O te encuentras en un atasco y llegas tarde. ¿Cómo reaccionarías? ¿Con ira? ¿Con frustración? ¿O actuarías como un estoico? Un estoico no se dejaría llevar por sus impresiones iniciales. Intentaría ser objetivo y, a su vez, elegiría la mejor respuesta.

El dominio de tus emociones te permitirá hacer lo correcto incluso ante la adversidad. La calma puede encontrarse en el caos con tranquilidad mental, independientemente de la situación externa. Imagina a un comandante en una zona de guerra que debe mantener la calma y no dejarse llevar por sus emociones. De lo contrario, sería catastrófico.

El estoicismo ayuda a ser más resistente emocionalmente en la adversidad. Ofrece al estudiante una nueva forma de ver el mundo, un marco para gestionarlo y una filosofía para la vida.

La resiliencia emocional consiste en ser capaz de afrontar el estrés sin sentirse abrumado por él. Cuando nos enfrentamos a obstáculos y retos solemos emocionarnos. Pero la mejor manera de superarlos es controlar nuestras emociones y mantener los pies en la tierra. Al mantener los pies en la tierra estamos mejor preparados para las fluctuaciones de la vida. Esto es algo que todos podemos mejorar. El estoicismo es sinónimo de esta mentalidad.

EL Estímulo, la Percepción y la Respuesta

Cuando la desgracia nos golpea, puede ser difícil no dejarse llevar por las reacciones del piloto automático. Séneca enseñaba que los retos inesperados de la vida son los más difíciles de controlar. Sin embargo, existe un abismo entre el momento en que experimentamos algo y nuestro juicio sobre eso. Cuando ocurre algo, tienes la oportunidad de pararte a pensar cómo lo juzgas y decidir cómo responder. Por ejemplo, cuando alguien habla mal de ti, al principio puedes sentirte conmocionado o molesto. Tú puedes elegir entre dejar que eso se convierta en resentimiento o seguir adelante. O, por ejemplo, cuando alguien te corta el paso en un atasco. Naturalmente, esto enfada a la mayoría de la gente. Pero puedes elegir sentirte abrumado por el enfado o dejarlo pasar.

En última instancia, tenemos poder de elección sobre nuestros pensamientos y acciones. Por supuesto, hacer lo correcto requiere práctica. Practicar el estoicismo puede ayudarnos a mejorar nuestros pensamientos. Pero a menudo lleva muchos años. Reconoce el poder de tus pensamientos porque son los que crean tu mundo. Literalmente, pueden cambiar tu fisiología y tu mundo exterior. Los antiguos estoicos eran muy conscientes del poder del pensamiento. Reconocían que tenemos el poder de responder como queramos. Si te rechazan, ¿te lo tomas como algo personal o como una curva de aprendizaje? Si tu equipo gana o pierde, ¿te deprimes o lo dejas pasar? Recuerda que eres tú quien elige.

Epicteto decía que el pensamiento es el primer paso para que los seres humanos se alteren o se estresen. Juzgamos las cosas como buenas o malas. A veces estos juicios pueden ser extremos. Cuando te enfadas con alguien, estás juzgando algo que él o ella ha hecho mal. Pero no tiene por qué ser así. Después del pensamiento viene el impulso. Es el impulso de actuar de forma automática. Por ejemplo, gritar cuando estamos enfadados. Epicteto utiliza el término de forma diferente. Dice que los impulsos son el primer paso para juzgar algo como bueno, malo o indiferente. Esencialmente son nuestros juicios de valor o nuestro deseo de actuar. Juzgamos las cosas todo el tiempo y tomamos decisiones sobre cómo actuar. Todo el día, todos los días ocurre esto, tanto rápida como lentamente.

Según el estoicismo hay tres etapas de la emoción:

1. El estímulo: Una experiencia que puede venir del exterior, de la gente o incluso de tus pensamientos internos. El pensamiento en sí, sin respaldo, que es la aparición de la emoción. Aquí podemos recurrir a la disciplina del deseo.

2. La percepción: Asentimiento o aprobación del pensamiento, que está en nuestra mano para aplicar la racionalidad y controlar nuestras emociones. Dentro de tu mente se procesa el estímulo. Cómo lo percibes depende de tus pensamientos, creencias y valores. Aquí podemos hacer uso de la disciplina del asentimiento.

3. La respuesta: Cómo decides responder. También depende de tus pensamientos, creencias y valores. Aquí podemos utilizar la disciplina de la acción.

El estímulo y la disciplina del deseo

Biológicamente, como humanos, todos hemos

sido diseñados de la misma manera para reaccionar a los estímulos. Desde el día en que nacimos hemos tenido programas emocionales primitivos que nos ayudan a asegurar nuestra supervivencia. A medida que crecemos, nuestro cerebro evoluciona para comprender los patrones que amenazan nuestra supervivencia. Cuando se detecta una amenaza, se inicia una respuesta automática. Esto ocurre no sólo con las amenazas, sino en una gran variedad de situaciones. A través de la naturaleza y la educación desarrollamos respuestas automáticas. Éstas son en gran medida inconscientes y a menudo en el mundo moderno no nos ayudan demasiado. No te sientas culpable por tus sentimientos iniciales porque son involuntarios. Los estoicos lo llamaban "propatheiai o pre-emociones", y es completamente normal. Piensa que es la forma que tiene la naturaleza de evitarte daños.

Nuestras impresiones iniciales de los estímulos no están sujetas a ninguna disciplina porque no podemos controlar las impresiones que se nos presentan. Sólo cuando respondemos a esas impresiones es cuando nos hacemos responsables de ellas. La mayoría de nosotros intentamos manejar las cosas en la última fase, que es el impulso de actuar. Vemos una comida deliciosa, una persona atractiva, un traje costoso, etc. Esto se nos presenta como algo valioso y fallamos ante el desencadenamiento del deseo por eso. Algunos incluso fantaseamos con tenerlo. Al final lo deseamos más y esto hace que actuemos según nuestros impulsos.

Las personas sabias también se dejan llevar por los acontecimientos iniciales como parte de la experiencia humana. No se avergüenzan de eso. Pero se fijan en lo que se puede hacer y se plantean preguntas como: ¿es realmente tan malo? O, ¿qué puedo hacer para mejorarlo? Podemos recurrir a este proceso en diversas situaciones, como momentos de peligro, ira, conmoción, miedo, etc. Esencialmente, en los momentos que provocan reacciones involuntarias repentinas. Permítete sentir primero ese instinto primario inicial. Acéptalo y luego haz un esfuerzo consciente para verlo objetivamente. Permíteme explicártelo con una historia.

Érase una vez un filósofo estoico que llevó a sus alumnos a navegar por los mares. Las olas y el tiempo agitaron violentamente el barco en su travesía. Los hombres y mujeres a bordo entraron en pánico ante el temor de que se hundiera. En ese momento, el miedo se apoderó también del filósofo estoico. Permaneció en silencio ante la tormenta. Una vez pasada la tormenta, uno de los estudiantes preguntó al estoico por qué tenía miedo. Seguramente él, como estoico, sería capaz de soportar el miedo. Respondió que incluso un hombre sabio se siente perturbado por el terror y el peligro. Sin embargo, no se aferra a esas emociones. Al final se da cuenta de que son indiferentes. El tonto, por su parte, también se siente abrumado por el miedo, pero cede ante él. Mientras que el sabio se mantiene firme y actúa adecuada y racionalmente. Aunque siente miedo igual que el tonto, no deja que el terror lo excite ni le haga juzgar mal. Este tratamiento es válido para todas las emociones en el estoicismo.

La disciplina del deseo nos ayuda a no dejar que las cosas se descontrolen. Practicar la disciplina del deseo requiere practicar las virtudes cardinales de la templanza y el valor. Hay que, como dice Epicteto, "soportar y renunciar". Mediante la práctica podemos evitar los placeres irracionales y las aversiones que a corto plazo nos hacen sentir bien pero que a largo plazo nos perjudican. Para practicar la disciplina del deseo debemos seguir viviendo en consonancia con la naturaleza universal en su conjunto. También hay que aceptar el destino como algo inevitable. Ya hemos hablado antes del "Amor Fati", que es amar tu destino. Caro de Utica, un famoso héroe estoico ejemplifica esto. A través de los desiertos de África marchó en un intento de derrocar a Julio César. Al final perdió la guerra civil, pero se convirtió en una leyenda porque, en lugar de someterse a Julio

César, se sacó las tripas con sus propias manos.

"No busques que los acontecimientos ocurran como tú deseas, deja que sucedan como suceden y tu vida transcurrirá tranquila y serenamente".
- Enchiridion

La percepción y la disciplina del asentimiento

Del impulso surge una segunda respuesta que es nuestra respuesta consciente. Recuerda que el sabio y el tonto están separados por el espacio entre el estímulo y la respuesta. El tonto se ve superado por el estímulo y carece de racionalidad para responder de la manera correcta. Mientras que el sabio es capaz de analizarlo objetivamente, que es de lo que trata la disciplina del asentimiento. En esencia, se trata de ser consciente de tu mundo interior. Piénsalo como la conciencia plena.

Fíjate en cómo emites juicios de valor todo el tiempo. Estos juicios influyen en tu forma de ver el mundo que te rodea. De suma importancia para los estoicos es la evaluación de los juicios buenos o malos. Asociamos valor a diversas cosas cuando a menudo nos son indiferentes. Esencialmente, las etiquetas que asociamos a los acontecimientos externos y a las personas son así porque así lo elegimos. Sin embargo, etiquetarlos no es necesario. En el estoicismo todo se ve como una oportunidad. No hay bien ni mal, sólo una percepción. ¿Qué es exactamente la percepción? En términos sencillos, es cómo uno ve una situación o cómo la interpreta y la entiende. Sin embargo, esa percepción a menudo no es un fiel reflejo de la realidad. Por ejemplo, alguien a quien un hombre le mintió en una relación anterior puede percibir ahora a todos los hombres como mentirosos. Pero esto no es la realidad. De hecho, algunos hombres son mentirosos, pero no todos lo son.

Cuando hacemos juicios de valor, con demasiada frecuencia son excesivamente emocionales porque utilizamos una terminología emocional. No te permitas hacer esto. Intenta describir la situación de una forma más objetiva y lógica. Por ejemplo, en lugar de decir que has perdido tu vuelo y describir lo horrible que ha sido. En lugar de eso, puedes decir: "He perdido el vuelo y voy a reservar otro". Evitar el lenguaje emocional para describir la situación te ayudará a preocuparte menos y a sentirte menos abrumado por ella. Al fin y al cabo, tú no puedes cambiar lo que ha pasado, pero sí puedes cambiar cómo te afecta.

Debes entender que esas emociones y juicios proceden de tus propias creaciones internas. Nada tiene por qué ser percibido como malo o incluso como bueno. En última instancia, esa percepción es tu propia elección. El estoicismo nos enseña a dejar de añadir esos juicios de valor para que podamos pensar con más precisión y claridad. Piensa en eso como una conciencia sin juicios para ver el mundo exactamente como es, sin distorsiones. Permítete crear un espacio entre la impresión y el juicio.

Debes ver las cosas como realmente son y ser consciente de cuándo estás pensando porque es la puerta de entrada para controlar tus pensamientos y emociones. Observa el mundo de forma objetiva sin nublarlo con juicios o mentiras. Ser consciente de uno mismo es crucial para juzgar y actuar correctamente. Trabaja continuamente para ser más consciente de ti mismo. La práctica hace la perfección. A través de un control interno constante, uno puede detectar con antelación cualquier señal de advertencia temprana de impresiones o deseos malsanos que podrían hacer que uno vaya en contra de su naturaleza. Con esto en mente, podemos permanecer conscientes de nosotros mismos, tranquilos y racionales, independientemente de las circunstancias. Recuerda centrarte en lo que tú controlas, que son tus emociones y acciones. Todo lo demás sucederá como tenga que suceder. Sigue aguantando los golpes y recuperándote con más fuerza. Practicando el estoicismo uno puede mejorar sus percepciones, lo que a su vez conduce a una vida más feliz y saludable.

"No busques que las cosas sucedan como tú quieres; más bien, desea que lo que suceda, suceda como suceda: entonces serás feliz". - Epicteto

La respuesta y la disciplina de la acción

El estoicismo nos enseña que debemos ser responsables de la forma en que respondemos al mundo. Los seres humanos aprendemos de forma natural comportamientos de la naturaleza y de la crianza que forman un patrón de respuestas. Como resultado, a menudo acabamos dando respuestas automáticas a situaciones basadas en nuestros comportamientos. Por cierto, aunque pueda parecer óptimo, no toda esta automatización nos ayuda. Los primeros filósofos estoicos eran muy conscientes de los patrones de comportamiento y las respuestas. Para contrarrestarlos, practicaban el autoconocimiento para poder ser más críticos en sus percepciones y opiniones.

En última instancia, tú eliges cómo responder y eso depende de tus creencias y de tu carácter. Tomar conciencia de cómo respondes es muy importante porque si no lo haces, pueden empezar a formarse patrones destructivos. Piensa en eso como si fuera una casa que tienes que limpiar de vez en cuando. Podemos perdernos en la vida y acabar haciendo las cosas como son. Tómate tu tiempo para reflexionar sobre cómo reaccionas ante las situaciones. ¿Podrías mejorar esas respuestas? Quizá respondiste con enfado a un desafío. Tal vez malinterpretaste una relación y perdiste una gran oportunidad. Analiza y reflexiona sobre tus desencadenantes. Trabaja para cultivar mejores respuestas.

Cuando cambiamos nuestras creencias podemos cambiar nuestras respuestas. Quizá se trate de tener una mentalidad más abierta o estar menos apegado a un resultado. Alinéate con la naturaleza cósmica, comprende y acepta tu elección como ser humano. Como afirma la dicotomía del control, hay cosas que están bajo nuestro control y cosas que no lo están. Dentro de nuestro control están nuestras propias elecciones internas, deseos, aversiones, motivaciones y opiniones. Mientras que fuera de nuestro control están lo material, la reputación y las cosas que no son obra nuestra.

La disciplina de la acción consiste en vivir en armonía con todos los seres humanos y desearles lo mejor. Incluso cuando los demás no deseen lo mejor para ti. En última instancia, tú no puedes controlarlos, pero sí puedes controlar tus propias respuestas y acciones. Está en tu poder de elección actuar virtuosamente y ayudar a los demás. Cuando alguien se enfada, no tienes por qué responder de la misma manera que ellos, ni siquiera ofenderte. Simplemente acepta quién es y no dejes que te afecte. Haz todo lo posible por actuar con virtud y acepta las acciones de los demás con desapego. Un buen estoico hace todo lo posible por actuar con virtud y acepta que no puede controlar los resultados de sus acciones. Actúa con determinación y virtud.

AFILAR LA ESPADA

Todos los días nos enfrentamos a obstáculos que pueden desbordar nuestras emociones. Las cosas nos agarran de sorpresa, la gente puede desafiarnos y enfrentarnos. De hecho, a veces la vida es un asco y las cosas pueden salir mal. Todos lo experimentamos y no hay forma de evitarlo. Sin embargo, muchos de nosotros somos ignorantes y no nos damos cuenta de eso. Pensamos que nunca nos ocurrirá una catástrofe. Pero cuando llega, nos destruye.

En una carta a su amigo Lucilio, Séneca respondía a la pregunta de por qué le ocurren muchos males a la gente buena. Séneca respondió que los dioses que controlan el universo tienen una amistad con nosotros. Los dioses nos desafían con pruebas para hacernos más fuertes. Séneca también afirma que no hay mal que por bien no venga. Una persona valiente se mantiene equilibrada ante la adversidad, apenas le afecta. Las personas fuertes eligen las circunstancias difíciles para hacerse mejores. Para afilar su espada, por así decirlo. Séneca reta a su amigo a mantenerse próspero durante toda la vida sin ninguna angustia mental. A mantener la calma ante los desafíos y la adversidad.

"El que ha luchado incesantemente con sus

desgracias ha ganado una piel más gruesa con sus sufrimientos". Séneca

En última instancia, todo es temporal. A lo largo de la historia ha habido personas que han superado la adversidad y han llegado a inspirar al mundo. Muhammid Ali se convirtió en campeón del mundo mientras se enfrentaba al racismo y era despojado de sus títulos. El mundo venció a tiranos en la Segunda Guerra Mundial. Marco Aurelio se enfrentó a numerosas invasiones, plagas y adversidades. Los ejemplos de la historia son innumerables. Todas estas personas que se enfrentaron a la adversidad sin duda sintieron miedo, depresión y emociones negativas abrumadoras. Sin embargo, se levantaron y prosperaron a pesar de eso. El estoicismo puede ayudarnos a hacer lo mismo.

Primero que nada, tenemos que darnos cuenta de que la percepción es la clave. La forma en que percibimos y comprendemos lo que nos ocurre y el mundo que nos rodea marca una enorme diferencia en nuestra calidad de vida. Nosotros decidimos cuál es nuestra percepción y comprensión. Esto puede frenarnos o elevarnos. El estoicismo nos enseña a no ver lo externo ni como bueno ni como malo, sino como indiferente. Por tanto, lo que nos importa es nuestro juicio de lo indiferente. Eres tú quien debe asumir la responsabilidad de tu juicio.

Existe lo que nos ocurre y la historia que nos contamos sobre su significado. La forma en que percibes las distintas situaciones determinará cómo te sientes ante ellas. Por lo tanto, esto influirá en tu forma de actuar. Cuando sientes que es imposible te rindes. Cuando sientes que es difícil pero manejable, sigues adelante. Intenta apartarte de la ecuación. Obtén una visión de pájaro y toma una decisión objetiva y racional. Date cuenta de que tienes el poder en tus manos. Aunque las circunstancias estén fuera de tu control, podemos controlarnos a nosotros mismos, nuestra forma de pensar, nuestra actitud, nuestros esfuerzos, etc.

La emoción tóxica del estrés

Zenón, el fundador del estoicismo, perdió todo lo que tenía en un naufragio. Séneca fue exiliado y sufrió numerosos problemas de salud. Marco Aurelio reinó sobre un imperio durante plagas, guerras, bancarrota, inundaciones y un sinfín de problemas. Epicteto fue esclavo durante treinta años. Todos ellos se enfrentaron a muchas tensiones. El estrés proviene de los tiempos difíciles, la incertidumbre, el fracaso y el dolor. Todo eso forma parte de la vida cotidiana. Todos nos enfrentamos al estrés, pero eso no significa que tengamos que estar estresados por él. A veces puede llegar a ser abrumador y no hay mucho que puedas hacer al respecto. Excepto la forma en que tú decidas cómo afrontarlo.

Marco Aurelio eligió no sentirse perjudicado. Hablaba de liberar y desechar el estrés. Sus diarios estaban llenos de notas sobre cómo escapar del estrés y aprender a no dejar que la ira le controlara. Epicteto enseñó repetidamente a sus alumnos a centrarse en lo que estaba bajo su control y a dejar ir todo lo demás. ¡El alivio del estrés en su máxima expresión! Séneca escribió que no hay que sufrir antes de que sea necesario y que el estrés es opcional. Aunque estemos estresados no tenemos por qué dejar que nos abrume.

Según el estoicismo, el estrés es una reacción a nuestra percepción. Nos sentimos estresados cuando nuestra percepción no cumple nuestras expectativas. La cuestión es que, con demasiada frecuencia, sufrimos más en la imaginación que en la realidad. Nos preocupamos por lo mal que irán las cosas. Todos pasamos por momentos difíciles y no puedes escapar a ese hecho. Pero no tenemos por qué sufrir tanto pensando en un dolor que nunca ha ocurrido. Cuando tú, por ejemplo, tienes una lesión, el dolor viene del daño infligido. Pero más sufrimiento viene de los pensamientos sobre eso. Esos pensamientos no son hechos, son sólo pensamientos en tu cabeza. Es cierto que te duele, pero no hace falta que crees historias vívidas alrededor del dolor ni que te obsesiones en una autocompasión innecesaria.

Como aconseja Séneca "no seas infeliz antes de que llegue la crisis". Cuando te sientas estresado, analiza esa sensación. ¿De dónde procede? Disecciónala. Piensa si tú mismo te la estás provocando. Córtala antes de que crezca. Ajusta tus expectativas. Cuando esperamos demasiado, nos sentimos frustrados. En su lugar, esfuérzate por tener expectativas más adecuadas. Cuanto más realistas sean, mejor será tu experiencia. Además, Epicteto decía que nuestra principal tarea en la vida es identificar y separar lo que uno controla de lo que no. Cuando dejas de preocuparte por lo que no está bajo tu control, dedicas más tiempo y energía a lo que sí puedes controlar. Esto te da una clara ventaja en situaciones de estrés. Cuando somos más responsables y creativos, el estrés se reduce.

"Tienes poder sobre tu mente, no sobre los acontecimientos externos. Date cuenta de esto y encontrarás la fuerza". - Marco Aurelio

Cuando cambiamos nuestra percepción del entorno, podemos ver el panorama general, lo que reduce nuestro estrés. Esos pequeños conflictos, desacuerdos y discusiones parecen tan pequeños en el gran esquema de las cosas. Cuando te surjan problemas, céntrate en el panorama general. A menudo, lo que tú crees que es un gran problema no es más que algo pequeño. Aléjate y observa tu vida en el mundo a gran escala. La vista desde arriba es un ejercicio que los antiguos estoicos practicaban para visualizar cómo estamos todos conectados a través del universo. Uno se imagina a sí mismo en lo alto del espacio mirando hacia abajo, al planeta Tierra. Esto cambia el punto de vista de la primera a la tercera persona. En esencia, se trata de un proceso psicológico conocido como distanciamiento cognitivo, que consiste en separar tus pensamientos de los tuyos. Escribir tus pensamientos es otra buena forma de hacerlo, ya que los sacas de tu cabeza y los pones en el mundo. De nuevo, esto crea distancia y nos separa de ellos.

Intenta mirarte a ti mismo en tercera persona. Reflexiona sobre tus problemas en tercera persona. Por ejemplo, John está pensando..., como si tú los estuvieras estudiando. Cambiar tu perspectiva te ayudará a liberar tu pensamiento. Además, también puedes imaginar cómo tratarían tus pensamientos otras personas. Por ejemplo, ¿qué haría Séneca?

Reírse a menudo

Al parecer, un famoso estoico, Crisipo, murió de risa. ¡Qué manera de morir! Los antiguos estoicos creían que el humor era esencial para vivir en un mundo marcado por el sufrimiento y los desafíos. Creían que debíamos tener una visión más ligera de las cosas para poder movernos con facilidad por el mundo. La ciencia demuestra que la risa y el humor liberan las sustancias químicas de la felicidad, las endorfinas, en el cerebro. En vez de ser tan serio, mira el lado bueno de las cosas y trata de encontrarles la gracia. Cultiva tus aportes. Deja de ver tantas series y películas. Cámbiate a algo más desenfadado. Ve programas divertidos, haz bromas y encuentra el humor en cada situación. Después de todo, eso te mantendrá alegre y joven.

"El que ríe tiene alegría. El alma misma debe estar alegre y confiada, elevada por encima de cualquier circunstancia". - Séneca

Ver los obstáculos como oportunidades

Los antiguos estoicos creían que dentro de cada obstáculo había una oportunidad.

Independientemente de lo mala que pueda parecer una situación, siempre hay una oportunidad. Puede ser una lección que aprender, sólo tienes que buscarla. Cada vez que te enfrentes a un obstáculo, considéralo una oportunidad. Muchos de nosotros pensamos que los obstáculos impiden nuestra felicidad y nos impiden perseguir nuestros objetivos. En lugar de eso, podemos replantearlos como retos. Por ejemplo, cuando te quedas atascado en un atasco, lo ves como una oportunidad para cultivar la paciencia. O cuando te enfrentes a contratiempos, considéralos una oportunidad para ser más fuerte y perseverante.

Nuestro mundo siempre está cambiando. Tenemos que estar preparados para el cambio. En última instancia, tenemos poco control sobre lo que nos ocurre. Sin embargo, podemos decidir nuestra reacción ante eso. Puede que adoptes el estado mental de una víctima. Piensas: ¿por qué me ha pasado esto a mí? ¿Por qué no buscar la oportunidad? Es famosa la historia de un granjero cuyo hijo se cayó de un caballo y se rompió una pierna. La gente le decía al granjero cosas como "debe de ser terrible". "Tal vez", respondía él. Poco después estalló una guerra y todos los jóvenes se tuvieron que alistar. Todos excepto su hijo, que no pudo por estar herido. Quizá no fuera tan terrible después de todo.

La próxima vez que tengas un reto, intenta aplicar la misma forma de pensar. ¿Qué valor tiene esto? ¿Por qué es bueno? En última instancia, se puede encontrar el bien en cualquier situación. A veces eso significa darle la vuelta a las cosas. Una situación potencialmente mala se convierte en buena, y así sucesivamente. Por ejemplo, has llegado tarde a una cita, pero quizás te has perdido algo negativo que te ha ocurrido a ti. O alguien es malo contigo y las cosas no salen como tú quieres. Tal vez te estén enseñando nuevos valores o te estén ayudando a mejorar.

La única razón por la que las situaciones difíciles se convierten en obstáculos es porque nosotros decidimos que lo sean. En vez de eso, tenemos que verlas de otra manera. Una forma que contemple el progreso y la oportunidad. Podemos elegir entre bloquearnos ante nuestros retos o luchar contra ellos. Encogernos o crecer. En última instancia, todo depende de nuestra percepción. ¿Está tu vaso medio lleno o medio vacío? Recuerda que no se trata de ser ingenuo ante las cosas malas que ocurren. Sí, ocurren, pero no debemos esconder la cabeza bajo el ala. Debemos luchar y seguir adelante. Entrena tu percepción para buscar las oportunidades.

Considera la adversidad como una oportunidad para crecer y ponerte a prueba. Busca objetivos y retos que te pongan a prueba y te hagan mejorar. Recuerda no tener expectativas ni apego al resultado.

Conciencia Plena

La mayor parte del estrés se produce cuando la mente se desvía a un lugar distinto del momento presente. Cuando se aferra al miedo, al futuro, al arrepentimiento del pasado o se pierde en sus pensamientos. Practica la conciencia plena. Ser consciente de las emociones te ayudará a entender si son útiles o no. Además, esto te ayudará a elegir las mejores acciones de virtud.

El momento presente es todo lo que tenemos. El tiempo sigue moviéndose y nunca se puede precisar. Cuando intentas hacerlo, se convierte en pasado o futuro. Ninguno de los dos existe, pero con demasiada frecuencia intentamos vivir en ellos. Al hacerlo, sacrificamos el momento presente, que es el único lugar en el que podemos vivir de verdad. Vivir alineados con la naturaleza nos exige vivir en el presente. Mantente en el momento presente y disfruta de la vida al máximo. El momento presente es tu vida. No te lo pierdas. Trabaja para cultivar más la conciencia plena mediante ejercicios como el yoga o la meditación. Ambos se centran en conectar con el momento presente. Dedica tiempo cada día a practicarlos. Aprende más sobre ellos a través de YouTube, cursos, libros, talleres y práctica en casa.

La emoción tóxica de la ira

Séneca llamó a la ira "una locura temporal". En estado de ira, una persona se vuelve irracional y carece de racionalidad. La ira puede estallar rápidamente como un volcán que explota, hierve y crea el caos. Se extiende como un reguero de pólvora entre las personas, lo cual es único, ya que las emociones rara vez son tan contagiosas y colectivas. Poblaciones, empresas, equipos y colectivos pueden infectarse de ira. Imaginemos el comportamiento de las turbas cuando las personas colaboran en la violencia, el caos y la perturbación. Las personas aparentemente normales no harían semejantes locuras solas. Sin embargo, juntas pueden causar estragos.

Emocionalmente es uno de los sentimientos más intensos. Uno se vuelve casi inconsciente bajo su hechizo. A menudo nos enfadamos por cosas tan triviales. El tráfico, el tiempo, un vaso de leche derramado, etc. En cambio, hay que darse cuenta de que enfadarse sólo empeora las cosas porque acabamos haciéndonos más daño a nosotros mismos o a los demás que el propio suceso original.

La ira se apodera de nosotros y nos distorsiona. Convierte la calma en un monstruo furioso. Nuestra capacidad de razonar se nubla cuando estamos enfadados. Esto nos lleva a tomar malas decisiones y a actuar de forma incorrecta porque no somos racionales. Como resultado, acabamos haciendo más daño del que causó la ira. Por ejemplo, si alguien se cruza en medio del tráfico, se vuelve violento. O una discusión desemboca en palabras de arrepentimiento. La ira nos afecta a todos, independientemente de nuestro origen o tipo de personalidad. Incluso las personas más amables y pacíficas pueden verse afectadas. En esos momentos de ira estamos cegados por las consecuencias futuras de nuestras acciones mientras estamos enfadados. Tomamos malas decisiones, nos comportamos de forma imprudente y causamos mucho más daño del que provocó la ira.

Los antiguos estoicos estudiaron la ira en profundidad. Comprendieron que se puede prevenir una vez que uno se da cuenta de los defectos de la ira. Primero, hay que darse cuenta de que la ira causa daño. Daño a uno mismo y daño a los demás. Para aquellos que piensan que la ira los hace más fuertes, en realidad están atrapados por ella. Cuando nos enfadamos nos convertimos en esclavos de ella porque nos ciega y nos hace cometer errores de los que probablemente nos arrepentiremos más tarde. Piensa en las veces que te has enfadado. Probablemente hiciste o dijiste algo de lo que luego te arrepentiste. La mayoría de los accidentes de tráfico ocurren cuando la gente está enfadada. Se hiere, asesina y mata a la gente a causa de la ira. ¿Cuánto de esto podría haberse evitado si la gente aprendiera a dejar la ira a un lado? ¿Cuántas vidas se podrían haber salvado? ¿O guerras evitadas?

Trabajar por una vida sin ira requiere una mente tranquila. Este debería ser tu objetivo principal. Una vez que te das cuenta de lo destructiva que es la ira, puedes trabajar para romper cualquier apego a ella. Ese es el comienzo de tu viaje. Comprende que la ira no es beneficiosa. No te ayudará a ti ni a nadie. De hecho, sólo empeorará las cosas con respecto a lo que te hizo enfadar inicialmente. La tranquilidad es la mejor estrategia. Reconoce que la cortesía y la amabilidad son rasgos más humanos.

Si te consideras una persona de mal genio,

aprende qué lo desencadena y busca formas de calmarlo. Ser consciente y tomar notas te ayudará en este sentido. La próxima vez que sientas que te enfadas. Pregúntate por qué. ¿Qué lo ha provocado? Anótalo mentalmente, verbalmente o por escrito. A partir de ahora, intenta evitar las situaciones que suelen enfadarte. Por ejemplo, si ves una cola de gente, vuelve más tarde. Si las noticias te enfadan, evítalas.

Además, utiliza prácticas específicas para calmar la mente. Escucha música relajante o sal a pasear para desconectar. Sigue una rutina de ejercicios para desestresarte o tómate un tiempo para meditar. Piérdete en una galería de arte. Reserva momentos para estos periodos en los que practiques la calma y el dejar ir. Podemos debilitar la ira siendo conscientes de los costos que conlleva. No dejes que las pequeñas cosas despierten la ira. Intenta mantener la calma incluso en medio de las tormentas. Cultiva esta mentalidad a través de la experiencia. Toma conciencia de las cosas que suelen enfadarte e intenta mantener la calma en esos momentos.

"La ira, si no se contiene, suele ser más perjudicial para nosotros que la injuria que la provoca" - Séneca

Aquí tienes más consejos de Séneca para controlar la ira:

Dejar pasar el tiempo

Séneca aconseja que la mejor solución para la ira es dejar que pase el tiempo para que la pasión inicial se apague. Esperar a que pase el tiempo es una buena manera de calmar la ira. Las emociones son pasajeras y nunca duran para siempre. Sabiendo esto, podemos simplemente esperar a que pase la ira. El tiempo y la distancia son las mejores soluciones. Cuanto más lejos estemos de la ira, más fuertes nos volveremos. Interrumpe el camino de la ira con tiempo. Respira hondo cincuenta veces, cuenta hasta cien hacia atrás o repite el abecedario durante esos momentos.

Cuestiona tus pensamientos

Podemos dejarnos llevar fácilmente por nuestros pensamientos. Por eso debemos cuestionarnos si esos pensamientos son racionales y verdaderos. Séneca sugiere que luchemos contra nosotros mismos. Cuando tengas la voluntad de vencer la ira, será difícil que ella te venza a ti. Sonríe ante la ira. Relájate y cuestiónala. Lucha contra los movimientos corporales y los patrones de pensamiento de la ira. Cámbialos por otros más tranquilos y felices.

Tu opinión sobre algo es lo que te molesta de ti. No los comportamientos ni las personas. Cuánto valoras algo determina el nivel de enfado que te produce. Piensa en eso. ¿Te molestan los mismos comportamientos cuando ocurren en contextos diferentes? Por ejemplo, que la gente llegue tarde. O mojarte bajo la lluvia. Ten en cuenta estos juicios de valor. Cuestiónate si realmente son tan importantes. Es más, cuestiona si están o no bajo tu control.

A través de la autorreflexión puedes darte cuenta de tu forma de pensar y de los desencadenantes de tus emociones negativas. Practica la autorreflexión a diario para sintonizar con lo que te provoca ira y aprender a frenarla. Séneca era un gran defensor de la autorreflexión. Enseñaba que nuestros sentidos deben entrenarse para hacernos más fuertes y duraderos. Marco Aurelio entendía que debíamos ser conscientes de las circunstancias que provocan la ira. Ambos estarían de acuerdo en que debemos rechazar la ira y no dejarnos llevar por ella. Como a un enemigo, hay que enfrentarse a ella y rechazarla.

Debes verte a ti mismo como el agresor

Séneca aconseja que nos veamos a nosotros

mismos como el agresor en los enfrentamientos enfadados con los demás. Cuando te enfades con alguien, visualízate como él. Ponte en su lugar. ¿Sigue estando justificado tu enfado? ¿Aguantarías cómo los estás tratando? ¿Es aceptable tu comportamiento? Cuando te pones en su lugar, el enfado disminuye rápidamente y puedes determinar la forma correcta de proceder, ya que lo afrontas desde una mentalidad que no está enturbiada. Además, si sientes empatía por los demás, serás más tolerante con ellos. Puede que sean jóvenes o inexpertos. Nadie es perfecto. Todos tenemos nuestros propios defectos. Tal vez tú hayas cometido los mismos errores antes.

Marco Aurelio consideraba que todos hacían lo mejor que podían y que no tenían mala voluntad hacia los demás. Cuanta más tolerancia desarrolles, más podrás afrontar los conflictos personales. Sin embargo, al desarrollar la tolerancia es importante no dejar que la gente traspase tus límites o se aproveche de ti. Mantén siempre unos límites sanos, pero al mismo tiempo ten un límite más alto para no enfadarte. Todo esto se consigue con la experiencia. Mantener la calma cuando los demás se enfadan. Cuando las cosas van mal, te ayuda a seguir tomando buenas decisiones que no se ven afectadas por la ira.

Cuando nos hieren o nos hacen daño, a menudo queremos vengarnos. Las cárceles se basan en este concepto. Castigo por haber obrado mal. Sin embargo, la gente suele salir de la cárcel y volver a delinquir. Los países progresistas están empezando a buscar formas de curar en lugar de castigar. No estoy diciendo que debamos dejar ir a la gente sin pagar las consecuencias de sus actos. Pero cuanto más dejemos de buscar la venganza, mejor podremos alejarnos de la ira que alimenta la venganza. Séneca dijo que la venganza lleva tiempo y puede exponer a uno a más heridas y resentimientos. Detente cuando te dejes llevar por la ira de la venganza. Intenta ver a la persona en su totalidad. Por quién es. Por el tipo de carácter que tiene. Recuerda que todo el mundo comete errores. Además, recuerda elegir a tus amigos con cuidado, porque la ira es muy contagiosa. Nos convertimos en el promedio de las personas con las que nos relacionamos. Si te relacionas con personas negativas y que se enfadan fácilmente, eso influirá en tu comportamiento. Puede ser demasiado fácil dejarse llevar por el mal camino y tú no quieres verte atrapado en una turba. Después de todo, eres humano. Cultiva las relaciones con personas calmadas, honestas, positivas, tranquilas y que tengan un buen autocontrol.

"Aferrarse a la ira es como beber veneno y esperar que la otra persona muera" - Séneca

La emoción tóxica de los celos

A través de los ojos del estoicismo los celos son una ilusión de permanencia combinada con creer que lo externo nos hará felices. Hay que ver que el universo no es permanente y que lo externo está fuera de nuestro control. Cuando uno está celoso desea no perder algo externo y como tal se apega a eso. Epicteto enseñó que nunca poseemos aquello a lo que estamos apegados. Su presencia es temporal en nuestras vidas y en un abrir y cerrar de ojos podemos perderlo todo. Comprende que nada dura para siempre porque un día te separarás de eso.

Ahora bien, eso no significa que debas estar solo y no tener nada por lo que vivir. Marco Aurelio escribió que no debemos fijarnos en lo que no poseemos. En lugar de eso, deberíamos contar nuestras bendiciones por lo que tenemos y considerar cuánto las desearíamos si no las tuviéramos. En esencia, se trata de aprovechar al máximo lo que tienes mientras lo tienes. La vida cambia constantemente y el cambio es la única constante. Resistirse al cambio nos hace inseguros. Los celos surgen de la inseguridad. Nunca podemos predecir el cambio, así que no tiene sentido preocuparse por intentar influir en él o por sus influencias. Sólo podemos hacerlo lo mejor posible en este momento. El resto debemos aceptarlo. Amor Fati nos recuerda que debemos aceptar y amar nuestro destino.

En última instancia, podríamos poner todo nuestro empeño en las relaciones, el estatus y las posesiones. Pero podemos perderlos en un instante porque, en última instancia, no puedes controlar realmente esas externalidades. Además, también son indiferentes. Preferiblemente indiferentes, pero al fin y al cabo siguen siendo indiferentes, lo que significa que no son esenciales para tu felicidad. La verdadera felicidad se encuentra en la virtud, que consiste en ser libre y no dejarse llevar por la desgracia.

Deja de centrarte en lo externo y pasa a centrarte en lo interno. La obsesión por cualquier cosa acabará alejándola de ti. Vive con abundancia y libertad. Por cierto, cuando te centras en vivir en la abundancia en lugar de en la ansiedad y el aferramiento, atraerás inevitablemente más personas, momentos y grandeza a tu vida.

"Cuenta las bendiciones que realmente posees y piensa cuánto las desearías si no fueran ya tuyas". - Marco Aurelio

La emoción tóxica de la envidia

La envidia surge de la comparación social. En nuestro mundo moderno estamos rodeados de momentos estelares de gente feliz. Las redes sociales nos muestran precisamente eso, los mejores momentos de la vida de alguien. Naturalmente, asumimos que nuestra vida debería ser igual de increíble. Sin embargo, en realidad, la vida no es una serie de momentos destacados. Detrás de cada vida hay dolor, lucha y un viaje. Todo eso contribuye a nuestro crecimiento y potencial para ser mejores. Perseguir momentos estelares fugaces sólo te llevará a la decepción y al sentimiento de culpa cuando no los alcances.

Cada persona tiene su propia suerte y punto de partida en la vida. Por lo tanto, no vale la pena compararse con ellos ni tenerles envidia. Pero con demasiada frecuencia nos definimos en comparación con los demás. Esto influye poderosamente en cómo conceptualizamos nuestro propio valor. Cuando nos sentimos inferiores en algún aspecto que tú valoras, ya sea la belleza, la riqueza, etc., entonces aparece la envidia. En última instancia, la envidia es un reflejo de cómo nos sentimos con nosotros mismos. Cuando no somos lo bastante listos, no estamos en forma o no somos lo bastante guapos, etc. Sin embargo, todos estos rasgos son indiferentes y no están bajo nuestro control. Además, no son permanentes y podrían desaparecer en un instante.

Pierde tu ego. El ego es una visión distorsionada de la importancia y las capacidades de uno mismo. Es una creencia malsana en lo importante que uno es. El ego conduce a la arrogancia, la imprudencia y la terquedad. Se interpone en el camino de lo que tú quieres y podrías tener. El ego se centra en ser mejor que los demás. No te centres en ellos. Céntrate en ser tú mejor. Deja de comparar y de presumir. Vive tu vida y sé lo mejor que puedas. Vive una vida de virtud. Trabaja sin deseo de reconocimiento. Cuanto más trabajas contra el ego, más disminuye. Con el tiempo te alineas más con la naturaleza.

La envidia es un veneno de la mente. Pone una barrera entre los demás y te aleja de la conexión real con la gente. Cuando las personas se aferran a los pensamientos de envidia, practican comportamientos inmorales como la infidelidad y los actos criminales. Pero la envidia no es del todo mala. De hecho, podemos utilizarla para mejorarnos a nosotros mismos como inspiración para mejorar las debilidades. Piensa en algunos de tus ídolos o cosas inspiradoras que hayas visto. Probablemente te hacen sentir pequeño, pero también te inspiran a ser más grande y mejor.

¿Cómo se supera la envidia? Primero, requiere autoconciencia y examen. Sé consciente de tu envidia. Pregúntate por qué sientes envidia. ¿Puedes justificarla? Si envidias a otra persona, debes analizar que todos tenemos diferentes ventajas en la vida. El camino a través de la envidia está en ser agradecido por lo que tienes. Céntrate en lo que tienes y en mejorarlo. Así sólo podrás compararte con lo que solías ser y con lo que eres ahora. En lugar de buscar siempre la validación y la satisfacción externas, mira hacia dentro. Date cuenta de que la felicidad se crea dentro de tu propia mente. Los acontecimientos externos no la crean.

El estoicismo puede ayudarte aquí a centrarte en lo que tienes. Nos enseña a ser conscientes del presente. A soltar la energía que gastamos viviendo en el pasado o preocupándonos por el futuro. La felicidad y la paz interior vienen de dentro. No dependen de las opiniones de otras personas; son demasiado importantes como para ceder el poder a otra persona. La vida es demasiado corta para eso. Acepta a la persona que eres y lo que te hace único. Deja de preocuparte por lo que piensen los demás. Lucha por lo que tú quieres y sé implacable. Deja de intentar agradar a la gente y de ser alguien que no eres. Sé tú mismo. En los casos en los que deseamos algo interno, como la paz interior o la felicidad, es señal de que necesitamos trabajar más en nosotros mismos. Perseguir la virtud nos ayuda a ser más fuertes y a vencer la envidia.

Marco Aurelio, el famoso emperador estoico, escribió negativamente sobre el comportamiento de búsqueda de validación. Resulta esclarecedor que alguien tan famoso en su época escribiera sobre eso. Hoy en día, la gente busca constantemente la validación. Las redes sociales están muy extendidas y todo gira en torno a esto. Esto ha desequilibrado el mundo. Se elogia a la gente por logros insignificantes y se la gratifica con *likes*, comentarios o seguidores. Todo esto activa nuestra dopamina, que segrega sustancias químicas que nos dan placer de forma temporal. En cambio, si no lo conseguimos, nos sentimos tristes. Demasiadas personas son adictas a esos éxitos y se pasan la vida persiguiéndolos. Mientras que el mundo del amor, la alegría y las conexiones sociales reales continúan fuera de su burbuja en línea. Recordemos una vez más que todo esto está fuera de nuestro control. Con el aumento de las conexiones en línea estamos expuestos a ser vistos y juzgados por mucha más gente. Mantén la misma actitud de no preocuparte por lo que piensen. Eso no significa ser arrogante. Al contrario, sigue mostrando lo mejor de ti mismo y sé una persona amable, pero al mismo tiempo deja de lado lo que la gente piense de ti. Acéptalo, no le gustarás a todo el mundo. Por mucho que te esfuerces, no le gustarás a algunos. Elige no sentirte herido por las opiniones de los demás. Opta por centrarte en tu propio bienestar mental y siéntete orgulloso de ser tú mismo.

"Ambición significa atar tu bienestar a lo que digan o hagan los demás... Cordura significa atarlo a tus propias acciones". - Marco Aurelio

EL PODER DEL PENSAMIENTO NEGATIVO

La industria moderna de la autoayuda nos dice que pensemos en positivo, nos anima a ser felices todo el día y a ignorar cualquier emoción negativa. Sin embargo, si no reconocemos el dolor y las emociones negativas subyacentes, no hacemos más que pasar por alto problemas más profundos. Algunos estudios han demostrado incluso que evitar las emociones negativas solo las hace más fuertes, lo que puede provocar mucho más estrés más adelante. Esencialmente, al evitar las emociones negativas estás siendo deshonesto contigo mismo. A menudo, de los lugares de dolor, oscuridad y lucha es de donde más crecemos.

Cuando nos sentimos cómodos expresando emociones negativas, nos sentimos más cómodos con lo que somos. Podemos aprender a comprendernos mejor y a tener un amor propio más profundo y verdadero. No reconocer las emociones negativas o apaciguarlas con conductas de escape nunca resolverá los problemas subyacentes. De hecho, numerosos estudios han demostrado que la expresión de las emociones negativas ayuda a construir relaciones sólidas. No escapes ni apacigües tus heridas con vicios como la comida basura o el escapismo. Date un tiempo de vez en cuando, pero a largo plazo concéntrate en pequeñas mejoras diarias para salir de ese agujero y convertirte en tu mejor yo.

"Una gema no puede pulirse sin fricción, ni un hombre perfeccionarse sin pruebas". - Séneca

Premeditatio Malorum

El estoicismo nos anima a esperar que las cosas vayan mal. Premeditatio Malorum o "la premeditación de los males" es un ejercicio mental que se enseña en el estoicismo para ayudar a los estudiantes a imaginar los peores escenarios posibles de lo que podría sucederles. Según el estoicismo, debemos estar preparados para los retos y la adversidad. Son inevitables y por eso debemos considerar todo lo que podría salir mal. Piensa en eso. ¿Cuáles son los retos a los que podrías enfrentarte y qué harías al respecto? Quienes pueden prosperar en los momentos difíciles lo hacen centrándose en lo que pueden controlar para mejorar la situación. Séneca creía que haciendo este ejercicio estaría preparado para cualquier destino que se le presentara. Por cierto, en su vida tuvo que enfrentarse a muchas adversidades, entre ellas el exilio como prisionero durante muchos años. En cada adversidad perseveró con fuerza, valentía y comprensión. Afrontó por igual la victoria y la derrota.

El objetivo de la Premeditatio Malorum es ayudar a prepararse para las adversidades e incertidumbres de la vida, porque las cosas no siempre salen como esperamos. Por lo tanto, necesitamos construir una base psicológica sólida que nos ayude a prepararnos para cuando las cosas vayan mal. Cuanto más nos preparemos, más lejos llegaremos. El pensamiento positivo te ayudará a empezar, pero también necesitas algo de cinismo para asegurarte de que llegas hasta el final. Por ejemplo, piensa en lo que cuesta iniciar un negocio. Si fueras demasiado optimista, podrías quedarte sin dinero demasiado pronto. Sin embargo, con un poco de Premeditatio Malorum te darías cuenta de que es probable que te quedes sin dinero. Por lo tanto, te prepararías adecuadamente y serías capaz de superar cualquier problema que pudiera surgir. Además, si no ocurre, ¡más fuerza para ti!

"Ensáyalo en tu mente: exilio, tortura, guerra, naufragio. Todos los términos de nuestra suerte humana deben estar ante nuestros ojos". - Séneca

Piensa en cualquier objetivo o acontecimiento próximo que tengas en mente y aplícale esta estrategia. ¿Qué es lo peor que podría pasar? ¿Cómo lo superarías? Tus respuestas deberían darte algunos planes claros en caso de que ocurra alguna tragedia. Esperemos que eso no ocurra, pero en cualquier caso debes estar preparado. Tim Ferriss, autor de varios *bestsellers*, ideó su propia versión de la Premeditatio Malorum y la denominó "configuración del miedo". Hay cuatro pasos para establecer el miedo.

- Primer paso: Escribe lo que sea que no estés seguro de hacer. Tal vez sea solicitar un nuevo trabajo, tener una cita o viajar a un lugar nuevo.
- Segundo paso: Escribe lo que te preocupa que pueda salir mal. Podrías recibir un rechazo. Quizá las cosas no salgan según lo previsto o metas la pata.
- Paso tres: Escribe qué harías si estos peores escenarios ocurrieran realmente. ¿Cómo los superarías?
- Paso cuatro: Escribe cuáles podrían ser los mejores escenarios posibles. ¿Qué es lo mejor que podría ocurrir?

Al completar este ejercicio, a menudo te darás cuenta de que los peores escenarios no son realmente tan malos. Además, estarás más preparado para afrontarlos si ocurren. De hecho, a menudo te darás cuenta de que vale la pena arriesgarse para conseguir los mejores escenarios posibles. Con el tiempo te sentirás cómodo con esos resultados y comprenderás cómo los superarías. Sigue los cuatro pasos de la configuración del miedo siempre que te enfrentes a un reto.

"Puede que desees librarme de la tortura, pero si llega el momento de soportarla, desearé soportarla valientemente con valentía y honor."- Séneca

Practicar la desgracia

En los tiempos modernos experimentamos una calidad de vida cómoda. Una cama caliente, comida en la nevera y un techo sobre nuestras cabezas. Tanto si te consideras afortunado o no, probablemente estés mejor que la mayoría de la gente del mundo. Desde luego, más que hace dos mil años. Sin embargo, al estar tan cómodos a menudo olvidamos lo afortunadas que son nuestras circunstancias. Pero ¿y si no tuviéramos tales comodidades?

Practicar la desgracia es un ejercicio que los antiguos estoicos utilizaban para ayudarles a apreciar las comodidades que tenían. Para practicar la desgracia, uno renuncia a algunas de sus comodidades durante un breve periodo de tiempo. La teoría es que la ansiedad y las dudas de perder lo que tenemos nos impiden arriesgarnos para mejorar. Sin embargo, si practicamos vivir como si perdiéramos lo que tememos perder, nos hacemos más fuertes y nos sentimos más cómodos arriesgándonos para crecer. Además, nos sentimos más agradecidos por lo que tenemos.

Piensa en cómo podrías practicar la desgracia. Quizá comas lo mismo todos los días durante una semana. O vives en un apartamento básico durante un mes. O duermes en el suelo durante una semana. Imagina que pierdes todo tu dinero. Como resultado, tendrías que vivir de forma mucho más frugal. Pruébalo y mira cómo te sentirías. Probablemente te darás cuenta de que no es tan malo. Una vez me fui a vivir unos días con unos monjes y dormí en el suelo de una cabaña de madera en el bosque. Sin embargo, durante ese tiempo dormí muy bien. Como conclusión de la experiencia me di cuenta de que si todo iba mal en mi vida podría ir a vivir allí. Me parecía bien. De hecho, me sentía feliz allí, libre de materialismo y apegos.

El mismo Séneca decía que cada mes deberíamos reservar algunos días para practicar la pobreza. Come poco, viste ropa barata y escapa de tus comodidades. Luego pregúntate: "¿Es esto lo que realmente temo?" La comodidad puede convertirte en un esclavo y alejarte de la vida que realmente quieres. Prepárate y siéntete cómodo sintiéndote incómodo. No sólo te hará más fuerte, sino que también te dará más confianza para arriesgarte y obtener recompensas.

Además de desarrollar una mayor fortaleza mental, es aconsejable desarrollar un cuerpo fuerte. Los antiguos estoicos aconsejaban a sus estudiantes que practicaran la exposición al frío y el ayuno porque sabían que demasiada comodidad es una debilidad. Séneca, que era un hombre rico, practicaba el ayuno y a menudo andaba mal vestido para el frío. El ayuno y la exposición al frío son excelentes para la salud. La ciencia ha descubierto que pueden reforzar la inmunidad y hacernos más tolerantes al dolor. Además, también deberíamos poner en práctica un régimen de ejercicio semanal.

Trabaja para tener la mejor salud posible. Cuida tu cuerpo. Come alimentos sanos y no te excedas. Sigue una rutina de ejercicio regular. Duerme lo suficiente. Elimina todo aquello que afecte negativamente a tu salud. Para vivir lo mejor posible es necesario tener un cuerpo y una mente sanos. Cuanto mejor cuides tu salud, más vida tendrás para disfrutar. Vives más y funcionas mejor. Levanta pesas y fortalécete. Corre y mejora tu sistema cardiovascular. Come sano. Estos hábitos te darán un cuerpo sano y fuerte. Un cuerpo que puede manejar una mente fuerte. Un cuerpo que puede lidiar con el estrés y luchar por una vida mejor.

Memento Mori

Una última cosa sobre el pensamiento negativo. Medita sobre la muerte para aportar claridad a tu vida. Todos moriremos algún día. De hecho, durante nuestra vida moriremos muchas veces. El niño muere para convertirse en adulto. El soltero muere para convertirse en esposo y así sucesivamente. Nuestra existencia es frágil. Piensa dónde estabas hace cinco años. ¿Cómo de rápido pasó ese tiempo? Imagina lo rápido que pasarán los próximos cinco años. La vida puede detenerse en cualquier momento y nunca sabes cuándo puede ser ese momento. Aceptar la muerte es una filosofía de vida que todos deberíamos practicar.

Cuando morimos, volvemos a un estado de inexistencia. Un día vas a morir. No hay escapatoria. Reconocerlo te ayudará a perder menos tiempo en las cosas que no son importantes. De hecho, la vida puede ser lo suficientemente larga para hacer lo que importa. Pero sigue siendo lo suficientemente corta como para desperdiciarla. En última instancia, el tiempo no se puede recuperar. Deja que esto guíe tus acciones y que te motive a emplear tu tiempo de forma más inteligente. No pienses que todo esto es pesimismo. Más bien es una forma de motivarte para ser más específico, útil y significativo en tu forma de vivir. Recuerda que el tiempo es tu bien más preciado.

"No es que tengamos poco tiempo para vivir, sino que malgastamos mucho de él". – Séneca

Por último, no podemos estar verdaderamente vivos mientras nos consuman los miedos y el miedo supremo, la muerte. La filosofía del Memento Mori, que es la contemplación estoica de la muerte, nos ayuda a no tener miedo ante ella. Los antiguos estoicos eran muy conscientes de su mortalidad. La vida es corta y eran conscientes de que la muerte les llegaría algún día. La muerte está fuera de nuestro control y por eso debemos permanecer indiferentes ante ella. Cuando uno se entristece y se siente abrumado por la muerte debe darse cuenta de que es su impresión o juicio del suceso lo que te angustia. La muerte no tiene por qué ser algo malo. Sólo cuando le asocias ese juicio. Ve la vida como algo temporal y permite que eso te motive a superarte.

Para los que hemos estado cerca de la muerte

podemos entender hasta qué punto te hace priorizar lo que es importante en la vida. La mayoría nos damos cuenta de cuáles son nuestros verdaderos valores. Comprendemos que lo externo, como la riqueza y la reputación, no nos lo podemos llevar a la tumba. Aceptar nuestra muerte nos ayuda a elevarnos por encima de los problemas insignificantes. El estoicismo llama a esto magnanimidad, que es tener un alma grande y una mente vasta. La magnanimidad nos ayuda a elevarnos por encima de todo. Cuando uno puede aceptar la certeza de su muerte, entonces está en el camino de la magnanimidad estoica. Está en el camino de expandirse más allá de sus problemas. Ser libre del dolor y del placer.

Cada noche Séneca se recordaba a sí mismo que podría no despertar para vivir al día siguiente. Marco Aurelio contemplaba constantemente su propia muerte, imaginando que ya estaba muerto y que vivía de prestado. Esa contemplación ayuda a darse cuenta de que la mayoría de las preocupaciones de la vida son triviales. Con demasiada frecuencia huimos de los hechos de la vida. En lugar de eso, debemos afrontarlos. Meditar sobre la mortalidad puede parecer oscuro y deprimente. Pero, por el contrario, puede utilizarse como herramienta para comprender el significado y la prioridad.

Para darnos cuenta de lo que es importante y lo que no. Para que utilicemos nuestro tiempo en la tierra sabiamente y no lo malgastemos. Esto nos acerca a vivir la vida que queremos vivir. No seas de los que descubren que les quedan meses de vida y entonces empiezan una lista de cosas que hacer antes de morir. ¡Vive el ahora!

"Aquellos a quienes amas y aquellos a quienes desprecias serán iguales en las mismas cenizas" – Séneca

PRINCIPIOS PARA LA PAZ INTERIOR Y LA FELICIDAD

La felicidad es lo que nos hace únicamente humanos. Otros animales no experimentan este tipo de emociones. La definición de felicidad es estar alegre y tener experiencias agradables. La mayoría de la gente la asocia a factores externos que en gran medida están fuera de nuestro control. Por ejemplo, estar sano, ser rico o tener una familia estable. El estoicismo nos enseña que, si vives de la manera correcta, serás feliz. Ya hemos hablado de eso antes: vivir en consonancia con la naturaleza. Por lo tanto, somos responsables de nuestra propia felicidad. Cualquier cosa externa que podamos pensar que nos aporta felicidad es en realidad algo indiferente. Ya sea riqueza, salud, estatus social, posesiones materiales, etc.

Los antiguos estoicos comprendieron que la felicidad depende de tus propios esfuerzos y cualidades. La virtud y las cualidades del carácter son fundamentales para eso. Desarrollar nuestra virtud, carácter, sabiduría, valor, justicia y moderación depende de nosotros. Esencialmente, si vives de acuerdo con las virtudes serás feliz. Según el estoicismo podemos ser felices sin la posesión de cosas externas porque éstas no marcan la diferencia entre estar feliz o estar triste. De hecho, es posible vivir una buena vida sin ellos. Siempre y cuando ejercites las virtudes.

Cuando experimentamos emociones negativas suele estar basado en un falso juicio de que alguna cosa externa es buena o mala. Cuando perdemos algo que creemos que tiene valor nos causa tristeza. O cuando asociamos la felicidad con algo efímero. Las emociones buenas son más consistentes y duraderas. Cuando aprendemos a aceptar nuestro destino y nuestra visión no permanente de la vida, podemos desprendernos de lo externo y vivir en consonancia con la naturaleza.

Hace casi dos mil años, los antiguos filósofos estoicos emprendieron sus viajes para encontrar la paz interior y la felicidad. Crearon prácticas y rituales para cultivar la paz interior y la felicidad. A día de hoy, todos queremos tener paz interior. Para algunos es más fácil decirlo que hacerlo. Hoy en día la vida va muy deprisa. Tenemos prisa desde el momento en que nos levantamos. Las redes sociales y el entretenimiento nos mantienen distraídos en esos momentos de aburrimiento y cansancio. Pero en esos momentos necesitamos buscar la tranquilidad. Dedica tiempo a tu mente para desconectarte y no hacer nada. Si no permites que tu mente haga eso, probablemente te cueste conciliar el sueño por la noche. En la cama, tu mente corre y procesa los acontecimientos del día. No dejes que eso suceda. Durante el día, deja que tu mente se relaje de forma natural. Tómate tu tiempo para dar un paseo, escribir un diario o simplemente relajarte.

Gratitud

La gratitud es la base de una mente más feliz y fuerte. El estoicismo nos enseña que querer menos aumentará la gratitud, mientras que querer más la reducirá. En psicología esto se conoce como adaptación hedónica. Cuando estamos agradecidos salimos de esos sentimientos de carencia o de no tener lo que queremos. Esencialmente, rompe el ciclo de querer y necesitar. Además, te libera de los celos y la envidia. Cuando uno está agradecido por lo que tiene desea menos y como resultado se siente más feliz con lo que tiene ahora. Los antiguos estoicos se centraban en reducir el deseo de querer más y, a su vez, cultivar más la gratitud. Cuando dejamos de perseguir o desear más y de temer lo que podemos perder, nos liberamos para estar en el momento presente. Epicteto llamó a la gratitud "eucharistos", que es el arte de ver la verdad de lo que ocurre en cada momento.

Imagina al agricultor de una aldea rural pobre frente al alto ejecutivo de una empresa. ¿Quién crees que es más feliz? Probablemente el agricultor, porque está agradecido por tener lo que tiene, una familia a su alrededor y una vida sencilla. Mientras que el ejecutivo siempre está persiguiendo deseos. Sí, es bueno tener objetivos a los que aspirar. Pero tener más cosas no te hará necesariamente más feliz. Lo que te hará feliz es apreciarlo y la clave para eso es la gratitud. Entiende la suerte que tienes de vivir en este mundo. El simple hecho de estar aquí y vivir es un milagro en sí mismo. El estoicismo nos enseña a ser conscientes de nuestra mortalidad para estar agradecidos por la brevedad de la vida. No dejes que las cosas pequeñas te depriman. Medita sobre el panorama general y sobre la singularidad de que estés aquí. Sé consciente del momento. Céntrate en el aquí y el ahora. Olvídate de tus preocupaciones o remordimientos. La mayoría de las veces nos preocupamos por cosas que nunca llegan a suceder.

"Cuando te levantes por la mañana, piensa en el precioso privilegio que es estar vivo".

- Marco Aurelio

Acepta tu destino y agradece literalmente todo, incluso lo malo. Agradece todo lo que te ocurre porque todo forma parte del gran plan del universo. Además, no se trata sólo de estar agradecido personalmente, sino por todo nuestro universo. También deberíamos buscar y celebrar el progreso de nuestros amigos tanto como lo hacemos por nosotros mismos. Esto es vivir en consonancia con la naturaleza. Es cierto que no es fácil estar agradecido por los contratiempos, las malas experiencias y demás. Pero todo es posible. Por ejemplo, puede que esa relación fallida te lleve a conocer al amor de tu vida. O quizá perder tu trabajo te llevó a emprender un negocio. A menudo estamos a un paso de nuestro destino. Considera cada revés como un paso más. Concéntrate en las cosas positivas de tu vida. Aunque algunas cosas no salgan como quieres, todo es cuestión de perspectiva. Es importante comprender que, a grandes rasgos, sigues estando aquí y viviendo. Internaliza que toda mala situación suele tener un lado positivo. Todo lo que te sucede tiene el propósito de moldear quién eres y llevarte a donde necesitas estar. Comprender esto te ayudará a ser más agradecido.

Practicar la gratitud

Practicar la gratitud es importante porque no surge por sí sola. Hay que cultivarla. Todos nacemos en diferentes puntos de la felicidad. Se ha demostrado muchas veces que la gratitud la aumenta. Haz la elección intencionada de ser agradecido y feliz por todo. Los antiguos estoicos creían en ser agradecidos por lo que tenemos en la vida y nunca dar nada por sentado o no quejarse nunca. Quejarse sólo te mantiene en un estado de desagradecimiento que te perjudica. De nuevo es inútil porque se centra en el pasado que no se puede cambiar. Aprende del pasado. No vivas en él. Usa tu energía en tener un presente y un futuro mejores. Deja de quejarte porque no sirve de nada. Acepta que tú no puedes cambiar el mundo ni a las personas que hay en él.

"Es sabio quien no se lamenta por las cosas que no tiene, sino que se alegra por las que tiene". - Epicteto

Escribir un diario

Según la Escuela de Negocios de Harvard, está demostrado que escribir un diario aumenta la gratitud, el rendimiento, el control del estrés y la claridad mental. Intenta escribir un diario de gratitud en el que puedas escribir todas las cosas por las que estás agradecido. Esta práctica te ayudará a cultivar más gratitud en tu vida. Todas las mañanas escribo al menos diez cosas por las que estoy agradecido. Pueden ser cualquier cosa, desde pequeñas a grandes cosas. Por ejemplo, por el aire que respiro o por tener a mi familia. Me gusta escribirlas todas. Cada día es diferente. Pregúntate por qué estás agradecido hoy y deja que fluya tu pluma. Piensa en cómo te hacen sentir. Practica esto también durante el día en tu mente. De hecho, siempre que te sientas deprimido puede ser un poderoso antídoto.

Marco Aurelio, el gran estoico y emperador romano, escribió uno de los diarios más famosos de la historia, *Meditaciones*. Era su diario privado, que tras su muerte pasó a ser de dominio público. Esos minutos que pasaba a solas cada día con su diario le ayudaron a convertirse en uno de los hombres más grandes que jamás haya existido en el mundo. El milagro de que su diario haya sobrevivido casi dos mil años demuestra su valor. Reflexionar sobre los propios pensamientos en un papel era una práctica común en aquella época. Cada persona tiene su propia manera de escribir. El propósito del diario estoico no es necesariamente registrar tu propia historia. También puedes utilizarlo para reflexionar sobre tu vida o para resolver problemas. O tal vez simplemente para despejar tu cabeza y resolver los problemas mentales que te rondan por la cabeza. Para Marco Aurelio, el propósito de escribir un diario era recordarse a sí mismo cómo vivir una vida virtuosa.

El estoicismo dice que tenemos control sobre nuestro mundo interior. A través de la introspección, la autoconciencia y la gratitud podemos llegar a ser nuestro mejor yo. Reflexiona sobre tu vida. Reconoce tus aspectos negativos y positivos. Trabaja en ellos. Sigue creciendo y desarrollando tu fuerza interior escribiendo un diario. Dedícale tiempo y parte del tiempo que le dedicas a los mensajes de texto y a las redes sociales. Levántate por la mañana y utiliza tu diario para escribir lo que tengas en mente en ese momento. También es probable que a lo largo del día te surjan ideas o cosas importantes. Anótalas. Puedes escribirlas en el bloc de notas de tu teléfono para que te resulte más fácil. Cuanto más hagas esto, más capacidad de inventiva tendrá tu cerebro. A veces las mejores ideas surgen de la nada. Asegúrate de tomar nota de ellas. O, al final del día, tómate un tiempo para reflexionar sobre ellas. ¿Qué ha ido bien? ¿Qué no ha ido bien? ¿Cómo podrías haberlo hecho mejor? Deja que fluya sobre el papel. No te reprimas. Considéralo como una especie de terapia privada. Recuerda que el camino hacia la grandeza pasa por la autorreflexión y la toma de conciencia.

Permítete escribir lo que sientas. No hay reglas, así que no te censures. Utilízalo para evaluarte a ti mismo, tomar mejores decisiones y ganar claridad mental. Libera tu mente para vivir el momento presente. Deja que salgan los secretos más oscuros, los miedos, las ansiedades, los sueños y lo que sea. Empieza escribiendo por las mañanas durante unos cinco minutos. Tal vez puedas responder a algunas preguntas, como por ejemplo por qué estás agradecido o qué es lo que más te preocupa en este momento. No hace falta que tengas una gramática excelente ni una redacción perfecta. Simplemente empieza a escribir y deja que fluya. Escribir un diario de forma consciente es una de las formas más útiles de aliviar el estrés y ser más feliz. Deja que tus pensamientos fluyan sobre el papel.

Piensa en algunas de las preguntas más importantes que te haces a ti mismo. Quizá sean preguntas como ¿Por qué quiero ser rico? ¿Cómo puedo hacerme rico? ¿Qué tipo de relación quiero? ¿Quién saca lo mejor de mí? ¿Cómo puedo ser mejor persona? ¿Por qué estoy agradecido? Y así sucesivamente. Escríbelas en tu diario como estímulos para escribir. Puedes hacerlo por la mañana, por la noche o cuando mejor te parezca. Escribe cuáles son tus objetivos. Pueden ser tu visión, a largo plazo y a corto plazo. Escríbelos con todo detalle. Haz una lluvia de ideas sobre cómo conseguirlos. Lo que necesitas. Haz un inventario y un mapa. Tráelo todo a tu conciencia.

CONCLUSIÓN

El estoicismo trata de la conquista de uno mismo y nos ofrece un modelo para vivir nuestra mejor vida. Piensa en él como un código de vida que te da respuestas a preguntas y maneras de comportarte. Cuando lo adoptamos, podemos liberarnos de gran parte de la actividad mental que nos cansa. Algunos pensarán que es una forma de vida restrictiva, pero los estoicos creían que les liberaba de la ansiedad y la incertidumbre. A su vez, esto nos aporta paz y un camino que seguir. Ahora concluyamos este libro repasando lo que hemos aprendido en nuestro viaje.

Comenzamos este libro hablando de los problemas de la sociedad moderna. Ahora más que nunca se ha fragmentado y desconectado. Estamos perdidos y buscamos respuestas a por qué nuestra vida no se ajusta al ideal que nos presentan los medios de comunicación. Falsas ilusiones nos convencen de que necesitamos más cosas para ser felices. Tal vez, más riqueza, materialismo y amor sean las respuestas. Sin embargo, acabamos en búsquedas solitarias desconectadas de nuestra verdadera naturaleza. Buscando respuestas nos perdemos en el sinfín de gurús y autoayuda o actuamos egoístamente en la búsqueda de nuestros afanes en solitario. Los antiguos estoicos de hace más de dos mil años se dieron cuenta de que la felicidad no proviene de las posesiones materiales que nos rodean. Comprendieron que los acontecimientos no son intrínsecamente buenos o malos. Es nuestra mente la que decide cómo reaccionamos al respecto. Símbolos de estatus como la riqueza y la fama son preferibles a su opuesto, pero no son esenciales para vivir una buena vida. Mientras uno tenga el estado de ánimo adecuado, podrá vivir bien independientemente de la mayoría de las circunstancias.

El estoicismo se desarrolló para ayudar a la gente a vivir mejor. Sin embargo, muchas personas lo han evitado porque piensan que les exigirán apagar sus emociones o que no se les permitirán más placeres. Bueno eso como hemos visto en este libro no es la verdad. Lo que hemos descubierto es que no necesitas seguir ninguna práctica religiosa y tampoco necesitarás deshacerte de todas tus posesiones o vivir aislado de la sociedad. Sin embargo, vivir el camino del estoicismo va a requerir una reinvención personal. Al hacerlo, la promesa de esta vida es la tranquilidad, lidiar con las emociones negativas de manera más eficaz y, a su vez, tener un carácter más fuerte que vive su mejor vida.

Al principio de este libro exploramos los

orígenes del estoicismo. Esto es importante de entender porque pinta un cuadro completo de dónde vinieron y quiénes fueron los filósofos famosos de la historia antigua. Podemos entender sus mentes y lo que estaba pasando en sus vidas en el momento en que fue creado. La edad de oro. De hecho, ellos también sufrieron muchas de las ansiedades y problemas a los que nos enfrentamos ahora. Por eso el estoicismo es una filosofía atemporal.

Continuando, echamos un vistazo a los fundamentos del estoicismo. El universo nos guía y nos conecta a todos juntos. Piensa que Dios está en todo. Cuando uno se considera aislado del universo entonces va a sufrir en la miseria. Cuando uno se da cuenta de que es parte del universo puede empezar a tomar decisiones que viven alineadas con la naturaleza y eso es una vida virtuosa. La bondad proviene de comprender nuestro lugar en el universo y colaborar con él en beneficio de todos. Este es el fundamento del estoicismo, que es vivir virtuosamente. La felicidad es el resultado de esta forma de vida.

Para explicar mejor los fundamentos del estoicismo, echamos un vistazo al triángulo de la felicidad, cuyo centro es la Eudaimonia, que es el objetivo de la vida. Esencialmente significa florecer. Conectado a él en el triángulo está "Vivir con Areté", que es llegar a ser tu mejor yo. Para eso es necesario desarrollar al máximo tu carácter y cerrar la brecha entre quién eres ahora y quién es tu mejor yo. Los otros puntos del triángulo son asumir la responsabilidad de todo en tu vida y ser consciente de lo que controlas.

En el capítulo siguiente exploramos la virtud, que es el verdadero camino hacia la felicidad. Para vivir virtuosamente debemos ser conscientes de las cuatro virtudes cardinales: sabiduría, templanza, justicia y moderación. En el extremo opuesto está el vicio, que aporta negatividad, mientras que en el medio se encuentran los indiferentes grises, que no contribuyen necesariamente a la felicidad. Más bien son simplemente preferidos o no preferidos. Cuando los juzgamos mal es cuando evaluamos algo como más de lo necesario para la felicidad. Independientemente de nuestros antecedentes, uno puede vivir virtuosamente y eso será su propia recompensa. Si te cuesta vivir virtuosamente, hazte preguntas en cualquier situación a la que te enfrentes. Pásalas por los cuatro cardinales para determinar si vale la pena actuar o evitar esa situación.

A continuación, exploramos la dicotomía del

control, que es una de las enseñanzas más populares del estoicismo. En resumen, la vida puede dividirse en lo que controlamos y lo que no controlamos. Entiende que es muy poco lo que controlas y que cuando intentas controlar lo que no puedes, te sentirás emocionalmente perturbado por eso. En última instancia, lo que realmente controlas es tu mundo interior. Concéntrate en esto y deja el resto en manos de Dios. El estoicismo llama a esto Amor Fati, que es el amor al destino. Debemos amar lo que nos venga porque no está en nuestro poder. Céntrate en lo que controlas, que es tu mundo interior, deja el resto y acepta tu destino.

En el siguiente capítulo exploramos los deseos. Desde el principio de los tiempos, los deseos nos han llevado por mal camino. Con demasiada frecuencia nos han llevado a pasiones malsanas, compulsiones y obsesiones. Según el estoicismo, un ser humano consumido por el deseo se asemeja a un ser humano que actúa como un animal. Hay que darse cuenta de que son muchas las tentaciones y los deseos que nos acechan todo el tiempo. Por lo tanto, debemos asumir la responsabilidad de no dejarnos llevar por la tentación. A menudo necesitamos retrasar la gratificación y en este capítulo exploramos cómo hacerlo de manera efectiva. Hemos estudiado las claves para hacer frente a las tentaciones que pueden llevarnos por mal camino.

El estoicismo sugiere el concepto de Apatheia, que es el estado mental libre de perturbaciones emocionales. De nuevo, no se trata de privarse a uno mismo. Por el contrario, nos guía a dividir las pasiones en sanas y malsanas. Un estoico bien entrenado entiende la diferencia. Séneca decía que debemos disfrutar de los placeres que nos llegan, actuar razonablemente con ellos y no excedernos. Por supuesto, todo con moderación está bien. Pero también debemos permanecer indiferentes ante ellos porque un día los perderemos.

Siguiendo adelante exploramos las emociones. Nuevamente estoy resaltando aquí que el Estoicismo no es la supresión de las emociones. El dominio de las emociones es el objetivo aquí y no dejarse llevar por ellas. En este capítulo exploramos cómo ganar dominio de tus emociones y su funcionamiento interno. Echamos un vistazo a las tres etapas de las emociones que son estímulo, percepción y respuesta. Comprender estas tres etapas identifica la brecha entre el estímulo, la percepción y la respuesta. A todos nos afectan los estímulos, seamos quienes seamos. En última instancia, eso depende de la naturaleza y no puedes cambiarlo. Sin embargo, tenemos la capacidad de aplicar la razón para analizar nuestras percepciones de forma objetiva y determinar cuál es la respuesta adecuada que se ajusta a la naturaleza.

Además, al explorar las emociones, profundizamos en las emociones tóxicas: la ira, el estrés, los celos y la envidia. Hicimos una inmersión profunda en esas emociones para entender qué son y cómo tratarlas eficazmente. El estoicismo funciona muy bien aquí porque esas emociones fueron estudiadas a fondo por los antiguos estoicos. De nuevo es una filosofía atemporal que ha funcionado en los humanos durante miles de años. En realidad, estas emociones negativas se basan en juicios incorrectos que nos conducen a experiencias y acciones desagradables. Como decía Séneca, son "una locura pasajera" y deben evitarse a toda costa porque con demasiada frecuencia nos llevan a malos finales.

En los capítulos posteriores exploramos el poder del pensamiento negativo, la positividad y la felicidad. Comprendo que a muchos de vosotros os echa para atrás pensar negativamente. Sin embargo, debéis daros cuenta de que las emociones negativas a menudo os traerán mejores cosas a medida que salgáis de esos lugares de oscuridad y lucha. Reconocedlas en lugar de pasarlas por alto. Así podréis sacar fuerzas de ellas. Los antiguos estoicos eran muy conscientes de esto y tenían algunas prácticas específicas o ejercicios de pensamiento negativo que se describen en este capítulo.

La Premeditatio Malorum consiste en visualizar negativamente todas las cosas malas que podrían ocurrirnos. Utiliza este ejercicio para situaciones próximas ante las que puedas sentir ansiedad. Determina todas las cosas que podrían salir mal y cómo te enfrentarías a ellas. Además, imagina todo lo mejor que podría ocurrir. La práctica revelará que no es tan malo, lo que probablemente te motivará a seguir adelante y pasar a la acción.

A continuación, exploramos cómo los estoicos practican el infortunio. En esencia, se trata de ponernos en situaciones incómodas durante un breve periodo de tiempo. Si te sientes cómodo con lo incómodo, te harás más fuerte cuando te enfrentes a la adversidad. La muerte es una garantía de vida. Siento ser tan negativo, pero es un hecho ineludible. Memento Mori es el viejo y famoso concepto estoico de meditar sobre tu muerte. Aceptar que un día morirás te ayudará a apreciar y aprovechar al máximo tu vida. Además, acepta la mortalidad de tus amigos y familiares. Deja que eso te motive para aprovechar al máximo tu tiempo con ellos. Haz las paces aceptando tu mortalidad. Sé que suena muy oscuro y terrible, pero en realidad es una forma estupenda de ver la brevedad de la vida. Deja que eso te motive y no pierdas el tiempo.

En el último capítulo exploramos la positividad y la felicidad que, por supuesto, es lo que todos queremos. Ahora bien, todo depende de tu esfuerzo y de vivir virtuosamente. Cuando vives de acuerdo con la naturaleza es una forma virtuosa de vivir que a su vez te hará feliz. Exploramos aquí que la gratitud es la base de una mente feliz y fuerte. Debemos estar agradecidos por lo que tenemos. Cuando queremos menos, aumenta nuestra gratitud. Mientras que querer más nos hace necesitados e infelices. Transición de esos sentimientos de querer o no tener.

El estoicismo nos enseña a estar agradecidos literalmente por todo, incluyendo las malas experiencias, porque en el gran esquema todavía estamos viviendo. Ahora mismo no sabemos si esas malas experiencias son realmente buenas o no. Quizá a la larga nos lleven hacia algo mejor. Por eso debemos cultivar más la gratitud. Escribir un diario es una buena forma de tomar conciencia de lo que ya agradeces. Marco Aurelio escribió uno de los diarios más famosos. En él exploraba su gratitud y reflexionaba sobre su vida. La autorreflexión es la clave para mejorar uno mismo.

Marco Aurelio era el emperador de Roma. Probablemente tenía acceso a un lujo ilimitado. Pero no se obsesionó con el lujo. Era un hombre sabio que encontraba la belleza en la sencillez. Observaba que las cosas sencillas son bellas a su manera. Mira el cielo, por ejemplo, y siéntete humilde ante él. Pasea por la naturaleza y admira todo.

El estoicismo nos enseña que el universo es un lugar vasto e inexplicable. Somos humanos que necesitamos apreciar nuestro lugar en él. Recuerda que la base del estoicismo es el universo a través del cual todos estamos conectados. Vivir alineados con la naturaleza consiste en comprender nuestro lugar en el universo. Tenemos que darnos cuenta de que todos estamos conectados como una gran entidad. Nuestra vida debe abarcar el bien mayor de la humanidad porque esa es una forma virtuosa de vivir. En última instancia, esto requiere un asentimiento a la providencia. En esencia, es dejarse guiar por Dios.

Dentro de nosotros todos tenemos un Dios personal y cuando dejamos que nuestro carácter se vuelva malo, entregándonos al demonio interior, entonces se producen acontecimientos negativos. Ese es el verdadero demonio de la vida. De hecho, a menudo es más fácil decirlo que hacerlo. Cuando surgen esas distracciones y deseos externos a veces puede ser difícil decir que no. Cuida de tus semejantes para levantarlos y hacer cosas buenas por ellos. Sí, esto parece mucha responsabilidad, pero cuando actúes así será virtuoso. La felicidad será el resultado de eso. Ayuda a la gente a ser mejor, incluso a ti mismo, porque eso elevará nuestra sociedad.

Hace miles de años, los estoicos idearon una forma de vivir con menos sufrimiento y más disfrute. En esencia, el estoicismo es una filosofía de la felicidad. Vivir una vida con sentido y feliz es el deseo más profundo de los seres humanos. Queremos sentirnos importantes y conectados con el mundo. Queremos sentirnos orgullosos de la vida que llevamos. En definitiva, queremos vivir nuestra mejor vida. Queremos compartir esa vida con las personas que amamos. Vivir tu mejor vida requiere ser tu mejor yo. La vida es un viaje de altibajos. Todos lo sabemos. El estoicismo te ayudará a atravesarlo todo. Te ayudará a ser capaz de experimentar tanto el placer como el dolor sin que sean causa de ruina.

Séneca nos recuerda a través de sus cartas que, junto a la búsqueda de la virtud, debemos esforzarnos por conseguir algo significativo en nuestra vida. Debemos centrarnos en cultivar una mente de excelencia. Esto requiere que prestemos atención a los juicios que hacemos y que desarrollemos rasgos de carácter positivos como la sabiduría, el valor, la moderación y la justicia. Estas virtudes nos ayudarán a ser mejores personas y a vivir en consonancia con la naturaleza. El único bien verdadero es tener un carácter virtuoso y una mente racional. Esto, como dirían los estoicos, es el requisito para vivir una buena vida.

Te deseo todo lo mejor en tu viaje para vivir El Camino del Estoico. Por favor, revisa este libro una y otra vez para refrescar la filosofía del estoicismo en tu mente. Por favor, tómate el tiempo de dejar una reseña de este libro donde lo compraste.

Gracias y buena suerte, mi amigo.

REFERENCIAS

Aurelius, M., & Hammond, M. (2006). Meditaciones (Penguin Classics). Penguin Classics.

E., & Dobbin, R. (2008). Discursos y Escritos Selectos (Penguin Classics) (1ª edición). E., & Long, G. (2004).

E., & Long, G. (2004). Enchiridion (Ediciones Dover Thrift: Filosofía) (ed. desconocida). Publicaciones Dover.

Ferriss, T. (2009). La semana laboral de 4 horas: Escape de 9-5, Vive donde quieras y únete a los nuevos ricos (ed. ampliada y actualizada). (Ed. ampliada y actualizada). Harmony.

Graham, S. M., Huang, J. Y., Clark, M. S. y Helgeson, V. S. (2008). Lo positivo de las emociones negativas: La voluntad de expresar las emociones negativas favorece a las relaciones. Boletín de Personalidad y Psicología Social, 34(3), 394-406. https://doi.org/10.1177/0146167207311281

Harvard Salud. (2011, 11 de octubre). Escribir sobre las emociones puede aliviar el estrés y los traumas. https://www.health.harvard.edu/healthbeat/writing-about-emotions-may-ease-stress-and-trauma

Por qué 'embotellarse' puede ser perjudicial para tu salud | HCF. (2018). AGENDA DE SALUD. https://www.hcf.com.au/health-

agenda/body-mind/mental-health/downsides-to-always-being-positive#:%7E:text=And%20avoiding%20emotions%20can%20also,re%20actually%20making%20them%20stronger.

Hendel, H. J. (27 de febrero de 2018). *Ignorar tus emociones es malo para tu salud. Esto es lo que hay que hacer al respecto. Time. https://time.com/5163576/ignoring-your-emotions-bad-for-your-health/*

Irvine, W. B. (2008). *Una guía de la buena vida: El antiguo arte de la alegría estoica (1ª edición). Prensa de la Universidad de Oxford.*

Irvine, W. B. (2007). *El deseo: por qué queremos lo que queremos (nueva edición). Prensa de la Universidad de Oxford.*

Laertius, D., & Hicks, R. D. (1925). *Diógenes Laercio: Vidas de Filósofos Eminentes, Volumen I, Libros 1-5 (Biblioteca Clásica Loeb nº 184). Prensa de la Universidad de Harvard.*

Séneca, L. A., y Campbell, R. (1969). *Cartas de un estoico (Penguin Classics) (Edición de reimpresión). Libros Penguin.*

Semana estoica 2018, parte 3. (10 de septiembre de 2021). *Estoicismo moderno. https://modernstoicism.com/report/stoic-week-2018-part-3/*

EMPIEZA LA SEMANA DE LA MEJOR FORMA

Todos hemos tenido esa sensación de desánimo un domingo por la noche, cuando te acuerdas de que mañana será lunes y se ha acabado el fin de semana. Puede resultar difícil volver al trabajo, pero con la motivación y la mentalidad adecuadas, puedes empezar la semana con buen pie.

Recibe orientación basada en pruebas, recursos actualizados y testimonios de primera mano para ayudarte.

Suscríbete ahora mismo y recibirás este boletín informativo todos los lunes.

https://www.subscribepage.com/t swain

OTROS LIBROS DE THOMAS SWAIN

El camino del espartano

El camino del espartano (eBook)

El camino del espartano (audiolibro)

Pensar demasiado

Pensar demasiado (eBook)

Pensar demasiado (audiolibro)

Marca

Marca (eBook)

Marca (audiolibro)

www.ingramcontent.com/pod-product-compliance
Lightning Source LLC
Chambersburg PA
CBHW050518160726
48003CB00001B/367